九州大学
人文学叢書
3

小林方言とトルコ語の
プロソディー
一型アクセント言語の共通点

佐藤久美子

九州大学出版会

はじめに

　本書は，語や文全体のピッチ（声の高低）を観察し，ピッチパターンの記述を行い，それを生み出す仕組みについて論じるものである。文全体のピッチの実現は非常に多様である。そのため，観察そのものが困難であるように思われるかもしれない。しかし，文の構造や文の意味との対応を手がかりに観察を進めると，そこに規則性を持ったパターンを発見することができる。まずは，そのパターンを詳細に記述し，そして，それがどのように生み出されるのかを考察する。また，その過程で，音声と文の構造，音声と文の意味がどのような関わりを持っているのかを探っていく。

　上述した問題に取り組むために，本研究では，複数の言語間の比較・対照を行う。これまでに記述，分析が進んでいる東京方言や福岡方言に加え，これらの言語とは異なる音声的特徴を持つ小林方言とトルコ語を取り上げる。小林方言とは，宮崎県の西南部に位置する小林市で話されている方言である。トルコ語は，ここでは，トルコ共和国のイスタンブールを中心とした西部地域で話されている言語を指す。以下，小林方言とトルコ語が共通して持つ音声的な特徴を概観し，この二つの言語を取り上げる利点と理由を述べる。

　小林方言とトルコ語は，語単位で実現するピッチの様相が類似している。例えば，東京方言では，「アメ」＜雨＞（ピッチを線で示す，以下同）と「アメ」＜飴＞のように，ピッチによって語が区別される。つまり，東京方言では，それぞれの語において，どのようにピッチが実現するかが指定されている。一方で，このような指定を持たない言語があることもよく知られている。小林方言とトルコ語もその一つである。両言語では，ピッチによって語が区別されることはなく，単一のピッチパターンが生じる。基本的に，語や文節の最終音節に高いピッチが生じる（小林方言では，どちらも「アメ」）。このことから，両言語は「一型アクセント」言語と呼ばれている。

語よりも大きな単位である句や文で実現するピッチに関しては，小林方言の研究も，トルコ語の研究も十分行われていない。一方，近年，この問題に関連する理論研究が進んでおり，様々な個別言語が研究対象となっている。東京方言を対象とした研究としては，McCawley (1968), Selkirk and Tateishi (1991), Ishihara (2003) などが有名である。McCawley (1968) は，複数の語から成る句において見られるピッチパターンを記述し，それを派生する音韻規則を提案している。その規則は，文の構造に言及するものとして仮定されている。文の構造を参照して音韻規則が適用されるということは，東京方言だけでなく，多くの個別言語の研究において仮定されている。そして，それを言語普遍的な仕組みによって説明するという試みがある。例えば，Selkirk and Tateishi (1991) は，東京方言の現象が，言語普遍的な仕組みを仮定し，そのパラメーター値を設定することによって説明できると主張している。

文全体のピッチの実現は，文の意味とも深い関わりを持っている。このことは，文中で意味的な焦点となる疑問詞などの要素が音声的に卓立されることからも明らかである。多くの言語において，文中の疑問詞や対比の表現などがピッチの実現に影響を及ぼすということが指摘されている。例えば，東京方言に関しては Ishihara (2003) が，福岡方言に関しては Kubo (2005) が，疑問詞を含む文に生じる特徴的なピッチパターンを詳細に記述し，それを派生する仕組みを提案している。一型アクセント言語も例外ではなく，疑問詞を含む文に特徴的なピッチパターンが生じる。上述したとおり，小林方言とトルコ語は，語や文節の最終音節に高いピッチが生じるという単一のパターンを持っている。しかし，文中に疑問詞や対比の表現がある場合，それとは異なるピッチの様相が観察される。以上のように，文全体のピッチの実現と文の意味の関係は，言語一般に観察されるものであり，言語普遍的な仕組みが働いていると考えることができる。

言語普遍的な仕組みを考察するためには，様々な個別言語のデータを用いて検証を重ねる必要がある。現在，音声と文の構造，音声と文の意味の関わりの解明を目指す研究において，最も関心が寄せられるのは，音韻論が統語構造のどのような情報を参照しているのか，という問題である。これについて，これまで，東京方言や福岡方言のデータをもとに，それぞれの提案がな

されている。本書では，研究が十分に行われていない一型アクセント言語の比較・対照を行うことによって，これまでの提案の妥当性を検討する。

　文全体のピッチを観察する際，一型アクセント言語を研究対象とする利点がある。それは，一型アクセントは単一のピッチパターンを持っているため，ピッチの実現に語彙的な指定がある言語に比べ，ピッチの観察が比較的容易であるという点である。日本では一型アクセントを持つ方言は非常に少ない。小林方言がその一つである。しかし，世界の言語の中では一型アクセントを持つ言語は珍しくない。フランス語やドイツ語やイタリア語なども一型アクセント言語であると言われている。ただし，これらはストレスアクセント言語であり，ストレスの位置は単一のパターンを持っているが，ピッチの実現を予測することはできない。一方，トルコ語は小林方言と同じく単一のピッチパターンを持っていると見なすことができる。トルコ語を取り上げるのは，以上の理由に加え，語順など日本語と類似した点が多くあり，比較・対照が行いやすいためである。また，一型アクセントの音声的な実現が，小林方言と同じく「最終音節が高くなる」であることも理由の一つである。

　本書では，小林方言とトルコ語におけるピッチパターンに関して，体系的な記述を行い，比較・対照する。その異同を明らかにすることによって，両言語のそれぞれの固有の特性とともに，アクセントの実現に関わる言語普遍的な特性を探る。そして，東京方言や福岡方言を対象に行われたこれまでの研究も視野に入れ，言語間の変異や言語普遍的な特性を説明する仕組みがどのようなものであるかを論じる。

目　次

はじめに ………………………………………………………………… i
略語表 …………………………………………………………………… ix

序　論 …………………………………………………………………… 1
1. 研究の背景 ………………………………………………………… 1
2. 本研究の目的 ……………………………………………………… 2
3. これまでの分析 …………………………………………………… 5
4. 本書の構成 ………………………………………………………… 7
5. コンサルタントと地域について ………………………………… 8
6. 理論的枠組み ……………………………………………………… 9
　6.1.　韻律音韻論　9
　6.2.　厳密階層仮説　11
　6.3.　末端理論　13

第1章　韻律語の形成 ………………………………………………… 17
1. 記述装置 …………………………………………………………… 17
2. 小林方言 …………………………………………………………… 21
　2.1.　ピッチパターンの観察　22
　　2.1.1.　小林方言の「一型アクセント」
　　2.1.2.　終助詞やコピュラが後続する場合のピッチパターン
　2.2.　韻律語の形成　28
　　2.2.1.　Hトーン連結規則と韻律語形成規則
　　2.2.2.　文節のピッチパターン
　　2.2.3.　コピュラが後続する場合のピッチパターン
　　2.2.4.　終助詞が後続する場合のピッチパターン

2.2.5.　複合語のピッチパターン
　　　2.2.6.　句のピッチパターン
　2.3.　2節のまとめ　40
3.　トルコ語 ———————————————————————— 41
　3.1.　トルコ語におけるアクセントの性質　42
　3.2.　ピッチパターンの観察　44
　　　3.2.1.　トルコ語の「一型アクセント」
　　　3.2.2.　「例外的な」ピッチパターン
　　　3.2.3.　不規則接辞やコピュラが後続する場合のピッチパターン
　3.3.　韻律語の形成　56
　　　3.3.1.　不規則接辞とコピュラを含む韻律語
　　　3.3.2.　複合語のピッチパターン
　　　3.3.3.　句のピッチパターン
　3.4.　3節のまとめ　64
4.　第1章のまとめと考察 ——————————————————— 65

第2章　疑問詞やフォーカスを含む文のピッチパターン ———— 69

1.　フォーカスについて ————————————————————— 69
　1.1.　意味論におけるフォーカスの解釈　69
　1.2.　音韻論におけるフォーカスの解釈　71
2.　小林方言 ——————————————————————————— 72
　2.1.　疑問詞を含む文の基本的なピッチパターン　73
　2.2.　ピッチパターンの実現と疑問のスコープ　79
　　　2.2.1.　東京方言で見られる現象
　　　2.2.2.　複文のピッチパターン
　　　2.2.3.　疑問詞を複数含む文のピッチパターン
　2.3.　2節のまとめ　89
3.　トルコ語 ——————————————————————————— 90
　3.1.　疑問詞を含む文の基本的なピッチパターン　91
　3.2.　ピッチパターンの実現と疑問のスコープ　95
　　　3.2.1.　複文のピッチパターン
　　　3.2.2.　疑問詞を複数含む文のピッチパターン

3.3.　3 節のまとめ　*105*

4.　小林方言とトルコ語の比較 ……………………………………………… *106*

第 3 章　疑問詞やフォーカスを含む文のピッチパターンの派生 … *109*

1.　問題の所在 ………………………………………………………………… *110*

　1.1.　小林方言とトルコ語に共通する問題　*110*

　1.2.　トルコ語に固有の問題　*112*

2.　これまでの研究 …………………………………………………………… *114*

　2.1.　東京方言　*114*

　　2.1.1.　Nagahara（1994）の観察と記述

　　2.1.2.　Ishihara（2003）の Multiple Spell-Out 分析

　　2.1.3.　Selkirk（2009）の Intonational Phrasing 分析

　2.2.　福岡方言：Kubo（2005）の Wh-Complementizer 分析　*124*

　2.3.　Ishihara（2003）と Kubo（2005）　*127*

3.　小林方言とトルコ語の分析 ……………………………………………… *128*

　3.1.　H トーン削除規則　*128*

　3.2.　小林方言とトルコ語に共通する問題　*130*

　　3.2.1.　疑問のスコープとの関連について

　　3.2.2.　疑問詞を複数含む文

　　　3.2.2.1.　問題の整理

　　　3.2.2.2.　詳細な定式化

　3.3.　フォーカスを含む文における Minor Phrase の形成について　*138*

　3.4.　トルコ語に固有の問題　*140*

　　3.4.1.　平らなピッチの実現について

　　3.4.2.　Göksel, Kelepir and Üntak-Tarhan（2009）の分析の概要と問題点

　　3.4.3.　分析の可能性

4.　第 3 章のまとめと考察 …………………………………………………… *148*

結　論 …………………………………………………… *151*
　1. 本書のまとめ ………………………………………… *151*
　2. 今後の課題 …………………………………………… *154*

参 照 文 献 ………………………………………………… *157*
謝　　辞 …………………………………………………… *163*
あ と が き ………………………………………………… *165*
索　　引 …………………………………………………… *167*

略 語 表

ACC	accusative：対格	PAST	past：過去
ADV	adverb：副詞	PF	perfect：完了
AOR	aorist：中立	pl	plural：複数
AUX	auxiliary：助動詞	POSS	possessive：所有格
C	complementizer：補文標識	PROG	progressive：進行
COP	copula：コピュラ	PW	Prosodic Word：韻律語
DAT	dative：与格	Q	Q particle：疑問
GEN	genitive：属格	sg	singular：単数
IMP	imperative：命令	TBU	Tone Bearing Unit：トーンを担う単位
LOC	locative：位格	TOP	topic：主題
MaP	Major Phrase：メジャー句	Utt	Utterance：発話
MiP	Minor Phrase：マイナー句	VN	verbal noun：動名詞
NEG	negative：否定	1	single person：一人称
NOM	nominative：主格	2	second person：二人称
NZR	nominalizer：名詞化辞	3	third person：三人称
OPT	optative：希求		

小林方言とトルコ語のプロソディー
―― 一型アクセント言語の共通点 ――

序　論

1．研究の背景

　従来，音声と文の構造，音声と文の意味はどのように関係付けられているのか，という問題が，多くの研究者によって論じられてきた。様々な言語において，文の構造や文の意味の違いによって異なる音声が実現するという現象が記述されている。1950年代にChomskyによって提唱された生成文法理論における文法のモデルでは，音声に関わる操作が行われる音韻論，文の構造に関わる操作が行われる統語論，意味に関わる操作が行われる意味論という三つの部門が仮定されている。そして，統語論において統語操作が完了した後，出力された表示は音韻論と意味論に写像されると考えられている。上で述べたような現象を生み出す仕組みを探ることは，三つの独立した部門である音韻論，統語論，意味論の境界領域の有りようを明らかにする試みであり，言語学における重要な課題の一つである。

　音韻論と他の分野との関係を追究する上で特に注目されているのが，文中の疑問詞や「フォーカス」と呼ばれる意味的な焦点となる要素が，音声的に卓立されるという現象である。その音声的な実現は，個別言語によって若干異なるが，共通して顕著なピッチの変動が観察される。例えば，多くの言語において，疑問詞やフォーカスは，そうでない要素に比べて，ピッチが上昇する。これまで，東京方言をはじめ，様々な言語において，疑問詞やフォーカスを含む文におけるピッチパターンの記述が行われている。そして，近年では，そのピッチパターンを生み出す仕組みが議論され，いくつかの理論が提唱されている。

2．本研究の目的

本研究の目的は，小林方言とトルコ語のピッチパターンを記述し，それがどのように派生されるのかを明らかにすることである．特に，疑問詞やフォーカスを含む文で見られる現象に注目する．はじめに，語や文節，句のピッチパターンを記述し，それを派生する音韻規則を提案する．次に，疑問詞やフォーカスを含む文のピッチパターンを観察する．これらの文で見られる現象を記述するためには，さらなる規則を仮定する必要がある．このような問題は，これまで，東京方言や福岡方言のデータに基づき議論されている．小林方言やトルコ語といった，東京方言や福岡方言とは異なる韻律的特徴を持つ言語を取り上げ，比較・対照することによって，言語普遍的な特性と個別言語の特性を見極め，それらを生み出す仕組みを探る．

小林方言とトルコ語は，共通した韻律的特徴を持っている．一つ目は，ピッチによって語を区別することがないという特徴である．これは，語彙的なアクセントを持つ東京方言などとは大きく異なる特徴である．例えば，東京方言では，それぞれの語について，アクセントの有無，また，アクセントがある場合にはその位置が指定されている．アクセントはピッチの下降として実現する．(1)ではアクセントを「'」で表し，高いピッチが生じる音節をゴシック体で表す．

(1) a. **イ**'ノチガ ＜命が＞

　　b. コ**コ**'ロガ ＜心が＞

　　c. オ**トコ**'ガ ＜男が＞

　　d. ミ**ヤコガ** ＜都が＞

小林方言とトルコ語の二つ目の共通点は，基本的に，すべての語が同一の

ピッチパターンで発話されるという特徴である。(2)に小林方言の例を，(3)にトルコ語の例を挙げる。高いピッチが生じる音節を，それぞれ，ゴシック体，ボールド体のスモールキャピタルで表す。(2)と(3)では，すべての語において最後の音節に高いピッチが生じている。

(2) a. ニ**セ**　　　　＜男性＞

　　b. オ**ナゴ**　　　＜女性＞

　　c. シンブンガ**ンシ**　＜新聞紙＞

(3) a. aʀᴀ　　　　＜間＞

　　b. elᴍᴀ　　　＜りんご＞

　　c. deɴɪᴢ　　　＜海＞

以上の二つの特徴から，両言語は「一型アクセント」言語（fixed accent language）と呼ばれる。

　一型アクセント言語である小林方言とトルコ語における語や文節のピッチパターンは，上の(2)と(3)に示した通りである。ただし，文中に疑問詞やフォーカスがある場合，それとは異なるピッチパターンが実現する。(4)に小林方言の例を，(5)にトルコ語の例を挙げる。疑問詞を四角で囲む。また，小さく表記した母音は，二重母音の後半の母音を表す。(4)は，小林方言では，疑問詞「ダィガ」＜誰が＞より後ろには高いピッチが生じないことを示している。(5)は，トルコ語では，疑問詞 *Kim* ＜誰が＞より後ろには高いピッチが生じないことを示している。どちらの言語においても，疑問詞より後ろには高いピッチが生じない。

(4) a.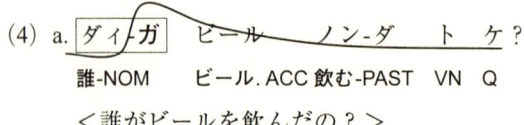
　　　ダィ/ガ　ビール　ノン-ダ　ト　ケ？
　　　誰-NOM　ビール.ACC 飲む-PAST　VN　Q
　　　＜誰がビールを飲んだの？＞

　　b. *
　　　ダィ/ガ　ビール　ノンタ　ト　ケ？

(5) a. /KİM　anne-m-e　haber-i　söyle-miş?
　　　誰.NOM 母-POSS.1sg-DAT ニュース-ACC 話す-PF.3sg
　　　＜誰が母にそのニュースを話したの？＞

　　b. *
　　　/KİM　anne-M-E　habeR-i　söyle-miş?

　本研究では，小林方言とトルコ語それぞれの言語の記述を行うと同時に，両言語を含め多くの言語に見られる現象を派生する仕組みについても議論する。文中の疑問詞やフォーカスが，アクセントの実現に影響を及ぼすということは多くの言語で観察されている。音声的な実現に若干の違いはあるものの，これは言語一般に見られる現象である。さらに，疑問詞よりも後ろに特徴的なピッチの様相が見られるということも，小林方言やトルコ語に限って観察される現象ではない。例えば，Nagahara (1994) や Ishihara (2003) によって，東京方言においても類似した現象が指摘されている。

　東京方言の例を下の (6) に挙げる。「ダ'レガ」「ビール」「ノ'ンダ」のように，それぞれの語はアクセントを指定されている。東京方言では，疑問詞より後ろでは，それぞれの単語のピッチのピークが減衰するという現象が生じる[1]。減衰している部分を下線で表す。以下，それぞれの語彙的なアクセン

---

[1] この現象を，Nagahara (1994) はダウンステップであると分析している。一方，Ishihara (2003) は，詳細な考察を行い，この現象をダウンステップとは異なる現象であると分析している。本研究が対象とするトルコ語と小林方言は語彙的なアクセントを持たない言語であるため，ダウンステップは生じない。また，現在までにダウンステップに相当する現象は観察されていない。ここでは，このような言語との比較を簡単にするために，Ishihara (2003) に従い，東京方言で見られる現象をダウンステップではなく「ピッチのピークの減衰」と見なすことにする。

トの位置は議論に関わらないため，例文中には表示しない。(6)は，疑問詞の「ダ'レガ」より後ろで，「ビ'ール」と「ノ'ンダ」のピッチのピークが減衰している。

(6) ダ'レ-ガ　ビ'ール　ノ'ン-ダ　ノ
　　誰.NOM　　ビール.ACC　飲む-PAST　VN
　　＜誰がビール飲んだの？＞

　東京方言は語彙的なアクセントを持つ言語である。これに対して，小林方言は語彙的なアクセントを持たない一型アクセント言語である。これらの言語を比較・対照することによって，語彙的アクセントを持つ言語と語彙的アクセントを持たない言語における共通点と相違点を明らかにする。さらに，共に一型アクセント言語である小林方言とトルコ語を比較・対照することによって，一型アクセント言語の特性とそれぞれの言語の固有の特性を見極める。そして，言語普遍的な側面と言語間の変異を説明する仕組みを探りたい。

3．これまでの分析

　疑問詞やフォーカスを含む文におけるピッチパターンを扱った研究には，Ishihara (2003)，Kubo (2005) などがある。Ishihara (2003) は，東京方言の分析を行い，Kubo (2005) は福岡方言の分析を行っている。これらの研究で注目すべき点は，疑問詞やフォーカスを含む文における特徴的なピッチパターンが生じる範囲がどのように規定されるか，という問題に取り組んでいる点である。すなわち，音韻規則の適用領域がどのように決定されるのか，という問題である。その領域を決定するために，音韻論はどのような統語的情報を参照しているのかという問題を論じている。東京方言の例を挙げて，議論の中心となっている現象がどのようなものであるかを，簡潔に紹介する。

　最も興味深い現象として，間接疑問文と直接疑問文におけるピッチパターンの相違を取り上げる。下の (7) と (8) では，どちらも疑問詞「ナニオ」よ

り後ろでピッチのピークが減衰している。しかし，それがどこまで続くかが異なる。(7) が間接疑問文，(8) が直接疑問文の例である。(7) の間接疑問文では，ピッチの抑制が埋め込み節末までとなっているのに対して，(8) の直接疑問文では，文末まで続いている。

(7) 間接疑問文

<直也は真理が何を飲み屋で飲んだか今でも覚えてる>

(Ishihara 2003, p. 55, (30b))

(8) 直接疑問文

<直也は真理が何を飲み屋で飲んだと今でも思ってるの>

(Ishihara 2003, p. 53, (29b))

Ishihara (2003) は，(7) と (8) に挙げた東京方言の現象を説明するために，疑問詞とフォーカスは [+foc] という統語素性を持っていると仮定し，この [+foc] に言及した音韻規則を仮定する。そして，間接疑問文と直接疑問文における違いを説明するために，Chomsky (2000) によって提案された，統語論から音韻論への写像が段階的に行われるという Multiple Spell-Out という考え方を採用している。間接疑問文では，埋め込み節が音韻論に写像された時点で規則が適用されるため，ピッチのピークの減衰は埋め込み節末までとなる。埋め込み節の外側には影響を及ぼさない。一方，直接疑問文では，文全体が写像された後に規則が適用されるため，減衰は文末までとなる。

Kubo (2005) では，福岡方言の類似した現象を挙げ，[+wh] という統語素性と統語構造における束縛関係に言及した記述がなされている。福岡方言で

問題となるピッチパターンが生じる範囲は，疑問詞から，その疑問詞を束縛する［+wh］を持つ補文標識まで，と述べられている．間接疑問文では，疑問詞から埋め込み節末にある補文標識（(7) では「カ」）までとなり，直接疑問文では，疑問詞から文末にある補文標識（(8) では「ノ」）までとなる．

Ishihara (2003) と Kubo (2005) は，共に (7) と (8) の現象を適切に記述している．両者の分析の詳細は第 3 章で述べる．本研究では，小林方言とトルコ語においても，類似した現象が観察されることを指摘する．また，複数の疑問詞を含む文のピッチパターンを観察することによって，さらなる考察を行う．複数の疑問詞を含む文に関しては，東京方言でも取り上げられている．しかし，語彙的アクセントを持つ東京方言では，ピッチの様相が複雑であり，そのパターンを記述することが困難である．それに対し，小林方言やトルコ語といった一型アクセント言語では，アクセントの実現が単純であるため，ピッチの観察が比較的容易に行える．新たなデータを提示し，東京方言と福岡方言を対象として提案されている分析の妥当性を検討する．

4．本書の構成

本書は，序論，第 1 章，第 2 章，第 3 章，結論で構成されている．

第 1 章では，小林方言とトルコ語の語や文節のピッチパターンを記述し，それぞれの言語における一型アクセントの音声的な実現を派生する音韻規則を提案する．そして，この音韻規則の適用領域がどのように決定されるのかを議論し，Selkirk (1986)，Chen (1987) によって提案された言語普遍的な規則によって派生されることを主張する．また，両言語で見られる相違は，アクセント指定やトーン連結に関わる規則に言語間変異を認めることによって説明することが可能であることを述べる．

第 2 章では，小林方言とトルコ語における，疑問詞やフォーカスを含む文のピッチパターンを記述する．他言語との比較・対照を視野に入れ，疑問詞を含む文におけるピッチパターンを中心に取り上げる．間接疑問文と直接疑問文のピッチパターンや疑問詞を複数含む文のピッチパターンの記述も行

う。小林方言とトルコ語にも，東京方言や福岡方言と同様の現象が観察されること，また，トルコ語には他の三つの言語とは異なる固有の現象が観察されることを示す。

　第3章では，小林方言とトルコ語における，疑問詞やフォーカスを含む文のピッチパターンを派生する音韻規則を提案し，この音韻規則の適用領域がどのように規定されるのかを議論する。始めに，小林方言とトルコ語に共通する現象を取り上げる。この現象をIshihara (2003) やKubo (2005) に基づいて分析し，これらの分析の妥当性を検討する。次に，トルコ語に固有の現象について論じる。

　結論では，本研究のまとめを行うと共に，今後の課題について述べる。

5．コンサルタントと地域について

　本研究のコンサルタントと，調査対象の言語が話されている地域を示す。

(9) 小林方言
　　岡田トミ子氏，84歳，宮崎県小林市の生え抜きである。
　　谷屋考法氏，81歳，宮崎県小林市の生え抜きである。

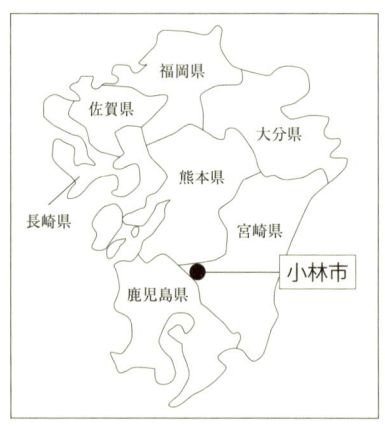

(10) トルコ語

Duygu Karabağ 氏，27 歳，生後 17 年間イズミット（İzmit）在住，その後アクチャイ（Akçay）へ，26 歳から岡山に在住。

6．理論的枠組み

この6節では，本研究で行う議論の前提となる理論的枠組みを述べる。言語事実に主な興味がある方は読み飛ばしていただいて構わない。

6.1. 韻律音韻論

音声の実現と，文の構造や文の意味の関わりを探るために，本書では，「韻律音韻論」を理論的枠組みとする。韻律音韻論は，音韻論と統語論の境界領域の研究を進める過程で，Selkirk (1986), Nespor and Vogel (1986), Hayes (1989) によって提唱された理論である。韻律音韻論では，音韻論において韻

律構造が存在し，また，韻律構造は，階層性を持つ複数の音韻論的な単位から構成されると仮定している。音韻論的な単位を韻律範疇と呼ぶ。韻律範疇は，音韻規則の適用領域，もしくは音韻制約の作用領域として機能する。韻律音韻論において最も重要な点は，一部の韻律範疇が統語構造を参照して形成されるという考え方である。韻律音韻論の考え方を，東京方言の例を挙げて概観していく。

東京方言では，それぞれの語についてアクセントの有無やアクセントの位置が決まっており，ピッチがどのように実現するかが指定されている。そして，アクセントを持つ語が連続した場合に，ダウンステップと呼ばれる現象が生じる。それは，その場合に，二番目以降の語の持つアクセントが減衰し，ピッチのピークが低くなるという現象である。McCawley (1968) では，ダウンステップが生じる範囲がどのように決定されるのかが議論されている。(11a) は，「青い屋根の家が」全体がダウンステップの生じる範囲となっており，(11b) は，「大きな」の前でダウンステップがリセットされている。すなわち，「青い」と「大きな家が」がそれぞれダウンステップの生じる範囲となっている。

(11)　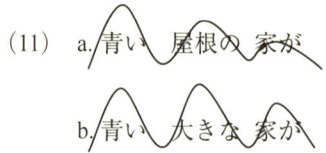
　　　a. 青い　屋根の　家が
　　　b. 青い　大きな　家が

McCawley (1968) はダウンステップを導く音韻規則[2]を仮定し，(11a) と (11b) のような違いを説明するために，音韻規則の適用領域について議論し

---

2) McCawley (1968) は，この音韻規則を「アクセントの格下げ規則」として以下のように仮定している。
アクセントの格下げ規則：
次の環境にあるアクセントを primary アクセントとせよ
　　S → ⟨1 accent⟩ in env.　@ ... __ ... @
　　始めの ... は ⟨1 accent⟩ を含まない
　　(@ は Major Phrase の境界を表す)

ている。規則の適用領域として機能する韻律範疇を Major Phrase と呼んだ。(11a) では全体が一つの Major Phrase となっており，(11b) では「青い」が一つの Major Phrase となっており，「大きな家が」が一つの Major Phrase となっている。例文中の下付の MaP で Major Phrase を表す。

(12) 　a. (青い　屋根の　家が)_MaP
　　　b. (青い)_MaP (大きな　家が)_MaP

以下では，Major Phrase といった韻律範疇がどのように形成されるのかという問題に関わる研究を見ていく。6.2 節では音韻表示に課される制約を，6.3 節では韻律範疇の形成規則を見る。

6.2. 厳密階層仮説

韻律音韻論では，韻律構造を構成する要素として，複数の韻律範疇が仮定されている。上で述べた Major Phrase もその一つである。いくつの韻律範疇を仮定するかは，研究者によって若干異なる。また，研究対象とする個別言語によっても異なることがある。ここでは，Selkirk (1986) の仮定 (13) を提示する。(13) の仮定は，現在広く受け入れられているものである。

(13) 　a. 発話（Utterance）
　　　b. イントネーション句（Intonational Phrase）
　　　c. 音韻句（Phonological Phrase）
　　　d. 韻律語（Prosodic Word）
　　　e. フット（Foot）
　　　f. 音節（Syllable）

(13) の他にも，個別言語の研究において，いくつかの韻律範疇が仮定されている。例えば，音節よりも小さなモーラという韻律範疇も一般的に仮定される。また，(12) で述べたとおり，東京方言においては Major Phrase と呼ばれる韻律範疇が仮定されている。東京方言では，(13) の音韻句が Major Phrase

とMinor Phraseと呼ばれる二つの韻律範疇に分けて仮定されている。さらに，韻律語と音韻句の間にClitic Groupという範疇が仮定されることもある。いくつの韻律範疇を認めるべきか，言語間の変異をどのように説明すべきか，という問題は，今後の課題でありさらなる研究が求められている。

Selkirk (1986) は，韻律構造の表示に課せられる制約として「厳密階層仮説」を提案している。この仮説は，その後，Selkirk (1995) において，(14) の四つの制約として細分化された。C^nはいずれかの韻律範疇を表す。

(14)　a. Layeredness:
　　　　$j > i$のとき，C^iはC^jを支配してはならない。
　　　　（例：音節はフットを支配してはならない）
　　　b. Headedness:
　　　　C^i＝音節である場合を除いて，すべてのC^iはC^{i-1}を支配しなければならない。
　　　　（例：韻律語はフットを支配しなければならない）
　　　c. Exhaustivity:
　　　　$j < i-1$のとき，C^iはC^jを直接支配してはならない。
　　　　（例：韻律語は直接音節を支配してはならない）
　　　d. Nonrecursivity:
　　　　$j = i$のとき，C^iはC^jを支配してはならない。
　　　　（例：フットはフットを支配してはならない）

　　　　　　　　　　　　　　　　　　　　　　　(Selkirk 1995, p. 444, (4))

(14) にある制約のうち (14c) と (14d) の制約は，(14a) と (14b) の制約より下位にあり，違反可能な言語が存在すると考えられている。

　いずれの制約にも違反していない最適な出力表示は，次の (15) のようなものである。

(15)　(　　　　　　　　　　　　) 発話
　　　(　　　　　) (　　　　　) イントネーション句
　　　(　　) (　　　) (　　　) (　　　) 音韻句
　　　( ) ( ) (　　　) ( ) ( ) (　　) 韻律語

6.3. 末端理論

　6節の冒頭で述べたとおり，韻律音韻論の核となるのは，一部の韻律範疇が，統語構造を参照して形成されるという考え方である。一部の韻律範疇とは，(13)の，発話，イントネーション句，音韻句，韻律語という比較的高い階層にある韻律範疇である。これらの韻律範疇が形成される際，どのような統語論の情報が，どのように参照されるのか，という問題が議論されている。音韻論と統語論の境界領域を明らかにしようという試みである。以下では，Selkirk (1986) が提案した「末端理論」を取り上げる。

　Selkirk (1986) は，韻律範疇は統語構造全体ではなく，統語範疇の末端（右端もしくは左端）のみを参照する規則によって形成されると主張する。これを「末端理論」と呼ぶ。韻律音韻論では，音韻論において，韻律構造が統語構造とは独立して存在すると仮定されている。このことは，韻律構造を構成する韻律範疇が，統語構造の非常に限られた情報のみを参照して形成されるとする末端理論と矛盾しない。末端理論は，音韻論と統語論の境界領域を扱った理論として，現在も広く支持されている。この理論は，McCarthy and Prince (1993) によって最適性理論の枠組みで改定され，現在は一致理論 (Alignment Theory) と呼ばれているが，両者には基礎となる考え方に大きな違いはない。本書では，規則の適用による段階的派生モデルを想定しているため，ここでは末端理論を取り上げる。以下では，再び東京方言を例に挙げて，末端理論の考え方を概観する。

　末端理論では，韻律範疇形成規則として，下の (16) が仮定されている。

(16) 韻律範疇形成規則 (Selkirk 1986, Chen 1987):
　　　C^n: {Right/Left; X^m}
　　　(＝統語範疇の右,もしくは左境界と,韻律範疇の右,もしくは左境界をそろえよ)

(16)の規則では,C^nによって任意の韻律範疇が表されている。前出の(13)にある韻律範疇のうち,韻律語より大きな範疇が上の(16)の規則によって形成される韻律範疇である。つまり,C^nには,韻律語,音韻句,イントネーション句,発話のうちのいずれかが設定される。

(16)の韻律範疇形成規則は二つのパラメーターを含んでいる。一つ目は,Right/Leftのパラメーターである。これは,統語範疇の右端と左端どちらを参照するかというパラメーターである。二つ目は,統語構造におけるどの統語範疇を参照するかというパラメーターである。(16)ではX^mで表されており,投射ゼロのレベルであるX^0や最大投射レベルXPが選択される[3]。

Selkirk and Tateishi (1988) は,上の(12)で示した東京方言のMajor Phraseは,(17)の規則によって形成されると主張している。

(17) 東京方言のMajor Phrase形成規則 (Selkirk and Tateishi 1988):
　　　Major Phrase: {Left; XP}
　　　(＝最大投射の左境界と,Major Phraseの左境界をそろえよ)

(18)に,(12)で取り上げた二つの句の統語構造を示す。(18a)では,最大投射の左境界とMajor Phraseの左境界がそろえられ,全体で一つのMajor Phraseが形成される。一方,(18b)では,「大きな家」からなる最大投射の左

---

[3] Selkirk (2009) では,末端理論,一致理論に取ってかわる理論として,「Match理論」が提案されている。これには,それ以前の二つの理論とは大きな変更がある。それは,Match理論では,韻律範疇が,統語論的構造(語・句・節)の「両端」を参照して形成されると考えられている点である。Selkirk (2009) では,それ以前の理論との比較は行われておらず,メカニズムの詳細は明らかでない。以上の理由から,本研究では,Match理論を採用しない。

境界と Major Phrase の左境界がそろえられ，二つの Major Phrase が形成される．

(18)　a. [NP [NP 青い　屋根の］　家］
　　　　　（　　　　　　　　　　）MaP
　　　b. [NP 青い [NP 大きな　家］］
　　　　　（　　　）MaP（　　　　　）MaP

(11) で示した二つの句におけるダウンステップの生じる範囲の違いは，(17) の規則が適用されることによって，二つの句で Major Phrase 形成が異なっているからであると説明される．

　以上で述べたことが，本書の議論の前提となる仮定である．韻律音韻論を理論的枠組みとすること，そして，(19a, b) に示した制約と規則が働いていることである．

(19)　a. 厳密階層仮説：韻律構造の表示には (14) の制約が課される．
　　　b. 末端理論：韻律範疇は (16) の規則によって形成される．

第1章
韻律語の形成

　小林方言とトルコ語は，共に一型アクセント言語である。このような言語では，ピッチの実現に語彙的な指定が関わることがなく，発話のピッチパターンは音韻規則によって派生されると考えられる。本章では，はじめに，小林方言とトルコ語の語や文節[1]のピッチパターンを記述し，それを派生する音韻規則を仮定する。そして，音韻規則の適用領域となる音韻論的な単位，すなわち韻律範疇がどのように形成されるのかを議論し，韻律音韻論の枠組みで，韻律範疇の形成規則を提案する。

　1節ではピッチパターンの記述装置を述べ，2節では小林方言を，3節ではトルコ語を取り上げ，それぞれの言語の詳細な記述を行い，韻律範疇の形成規則を提案する。4節では，小林方言とトルコ語を比較・対照し，両言語の異同がどのように説明されるのかを議論する。

1. 記述装置

　1節では，小林方言とトルコ語のピッチパターンを記述するために，Pierrehumbert and Beckman (1988) による提案に基づき音韻表示を仮定することを述べる。以下では，Pierrehumbert and Beckman (1988)，および，それ以前の研究を概観する。すべて東京方言を対象としたものである。

　はじめに，東京方言のアクセントを体系的に記述した研究として，McCawley

---

[1] 橋本 (1959) に基づき，「文節」を，一つの自立語，またはそれに複数の付属語がついて成り立つ単位であると定義する。

(1968) を取り上げる。McCawley (1968) では，生成音韻論の枠組みで，基底形に音韻規則が適用されることによって音声表示が出力されると仮定されている。ここで言う音声表示とは，体系的音声表示 (systematic phonetic representation) と呼ばれ，音韻規則の出力となるものである。言語能力とは無関係に生じるピッチの自然下降などは捨象される。McCawley (1968) に基づき，下の (1) に基底表示の例を示す。基底表示において指定されているアクセントは，「’」で表される。(1a)-(1c) は，基底でアクセントを持つ語である。それぞれ，アクセントが指定される位置が異なっている。(1d) は基底でアクセントを持たない語である。

(1) McCawley (1968) が仮定する基底表示の例
    a. /i'noti/ ＜命＞　b. /koko'ro/ ＜心＞　c. /atama'/ ＜頭＞
    d. /miyako/ ＜都＞

(2) は，(1) に対応する音韻論の出力表示の例である。(1c) と (1d) の違いを示すために，格助詞「ガ」が続く場合の表示を挙げる。

(2) (1) に対応する音韻論の出力表示の例
    a. i︎|no ti ga　b. ko|ko|ro ga　c. a|ta ma|ga　d. mi|ya ko ga

その後，Haraguchi (1977) が，自律分節音韻論に基づき，音韻表示に分節音の層とトーンの層を仮定した。自律分節音韻論では，音韻表示において，トーンが表示される層や，分節音などの tone bearing unit（トーンを担う単位。以下，TBU と表記する）が表示される層が独立して存在すると考えられている。すべてのトーンは，少なくとも一つの TBU に連結されていなければならず，また，すべての TBU には少なくとも一つのトーンが連結されていなければならないと仮定されている。Haraguchi (1977) は，普遍的なトーン連結原理の一つとして，(3) を仮定した。

(3) All tones should be associated with at least one tone-bearing unit, and conversely, all

tone-bearing units should be associated with at least one tone in the tone melody.
（Haraguchi 1977, p. 11, (6i)）

　Haraguchi (1977) に基づき，(4) に基底表示の例を示す。基底表示において指定されているアクセントは「*」で表される。

(4) Haraguchi (1977) が仮定する基底表示の例
　　a.　/inoti*/ ＜命＞　b.　/kokoro/ ＜心＞　c.　/atama*/ ＜頭＞
　　d.　/miyako/ ＜都＞

(5) は，上の (4) に対応する音韻論の出力表示の例である。(1c) と (1d) の違いを示すために，格助詞「ガ」が続く場合の表示を挙げる。

(5) (4) に対応する音韻論の出力表示の例
　　a. i no ti ga　　b. ko ko ro ga　　c. a ta ma ga　　d. mi ya ko ga
　　　 | ∨　　　　　 | | ∨　　　　　 | ∨ |　　　　　| ∨
　　　 H L　　　　　 L H L　　　　　 L H L　　　　　L H

　このような出力表示について，Pierrehumbert and Beckman (1988) は，実際のピッチ曲線との間に大きな隔たりがあることに注目した。例えば，基底でアクセントを持たない (1d) の「ミヤコ＜都＞」に格助詞「ガ」が続いた場合の実際のピッチ曲線は，自然下降が起こり，(6b) ではなく (6a) のようになる。しかし，Haraguchi (1977) の仮定した (5d) の表示では，(6a) は導くことができない。

(6) a. mi/ya ko ga

　　b. mi/ya ko ga

Pierrehumbert and Beckman (1988) は，実際のピッチ曲線に対応する出力表示

をどのように仮定すべきか，という問題に取り組み，(7) を提案した。

(7) a. トーンは不完全に指定されている。
　　 b. 韻律範疇はトーン（句トーン，境界トーンなどと呼ばれる）を持ちうる。

(7) に基づく出力表示の例を，下の (8) に示す[2]。基底でアクセントを持つ語には，アクセントが指定された拍に HL トーンが連結されている。それ以外のトーンは，韻律範疇の持つ句トーン，あるいは境界トーンである。境界トーンは「%」で表される。

(8) Pierrehumbert and Beckman (1988) に基づく音韻論の出力表示の例

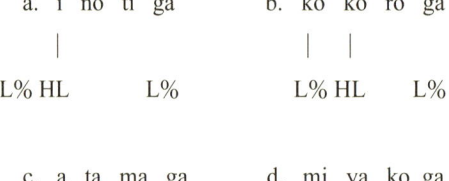

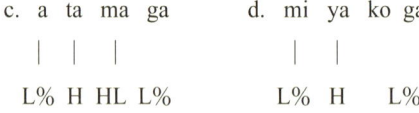

(8d) を例に取り上げ，ピッチ曲線との対応を述べる。東京方言では，アクセントを持たない語のピッチ曲線は，前出の (6) に示したとおり，1拍目から2拍目にかけて上昇し，そこから語末に向けて下降する。(7a) に基づき，2拍目以降にはトーンが連結されていないと仮定し，(7b) に基づき，語末に韻律範疇が持つ L% トーンが存在すると仮定することによって，実際のピッチ曲線との対応付けが可能になる。

---

2) Pierrehumbert and Beckman (1988) では，基底形についての議論は行われていない。音韻表示に「音素層 (phoneme tier)」が設けられており，そこには，McCawley (1968) の基底形と同様の表示がある。

さらに，Pierrehumbert and Beckman (1988) は，アクセントを持たない語において，2拍目以降のモーラ数が増えるに従い，ピッチの下降の傾斜が緩やかになることを指摘している。この事実は，(7) に基づき，(8d) のような出力表示を仮定することによって予測することができる。下の (9) に図示する。'μ' はモーラを表す。

(9) a. μ ／μ μ μ

　　b. μ ／μ μ μ μ

　　c. μ ／μ μ μ μ μ

以上，これまで，東京方言のアクセント研究において，音韻論の出力表示がどのように仮定されてきたかを見た。そして，Pierrehumbert and Beckman (1988) の (7) の提案によって，ピッチ曲線と出力表示の隔たりが解消されることを述べた。

本書では，第2章以降，フォーカスが関係したときのピッチパターンを記述する。そこで見られるピッチの自然下降は，McCawley (1968) や Haraguchi (1977) に基づく音韻表示では適当に記述できない。それを明確に記述するために，Pierrehumbert and Beckman (1988) の枠組みに基づいて，出力表示を仮定する。

2．小林方言

2節では，小林方言の文節のピッチパターンを記述する。小林方言を含む諸県方言の「一型アクセント」は，平山 (1936, 1951, 1974) によって記述されている。ここでは，理論研究を前提とした言語間の対照研究を行うために，これまでの記述を整理し，新たなデータを加え，分析を行う。以下では，筆者が行った小林方言の調査に基づき，議論を進める。

2.1節では，小林方言の文節のピッチパターンを観察する。2.2節では，小林方言のピッチパターンを派生する音韻規則を提案する。2.3節では，2節のまとめを行う。

2.1. ピッチパターンの観察

平山 (1936, 1951, 1974) は，諸県方言の一型アクセントが，「文節の最後の音節が高くなる」というピッチパターンとして実現すること，若干の例外があることを観察している。2.1.1節で小林方言の典型的なピッチパターンを観察し，2.1.2節では，終助詞やコピュラが後続する場合のピッチパターンを観察する。

詳しい観察に移る前に，小林方言の「一型アクセント」に対応するピッチ曲線を示しておく。下の (10) では，「ビンタ」に対応するピッチは低く始まり，その後上昇している。高いピッチが生じる音節をゴシック体で表す。

(10) ビン**タ**〈頭〉

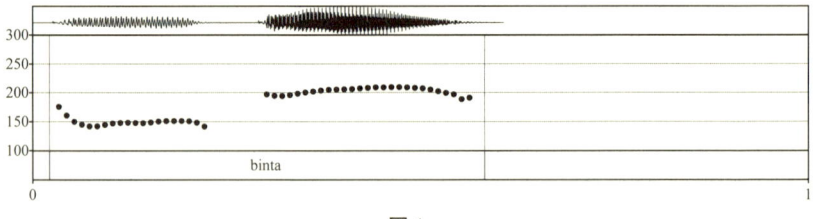

図1

2.1.1. 小林方言の「一型アクセント」

小林方言は，語彙的なアクセントを持つ東京方言とは異なり，すべての語が同一のピッチパターンで発話される。例えば，(11a) の2語は，東京方言ではピッチの区別がある。しかし，小林方言では，この2語にはピッチの区別はない。どちらの語も，最後の音節に高いピッチが生じる。それを (11) に示す。

第1章　韻律語の形成　　23

(11)　a. 東京方言　　　　　b. 小林方言
　　　　アメ ＜雨＞　　　　　アメ ＜雨＞
　　　　アメ ＜飴＞　　　　　アメ ＜飴＞

　最後の音節に撥音を含む場合，撥音に，すなわち最後のモーラに高いピッチが生じるのではなく，撥音を含む音節に高いピッチが生じる。それを (12) に示す。

(12)　a. オハン ＜あなた＞　　b. コドン ＜子供＞
　　　　＊オハン　　　　　　　　＊コドン

　最後の音節に促音，長母音，二重母音，無声化母音を含む場合にも，同様のピッチパターンが観察される。それを (13) に示す。

(13)　a. オトッ[3)]　　　＜弟＞
　　　b. ガッコー　　　　＜学校＞
　　　c. ケムィ[4)]　　　＜煙＞
　　　d. クッバシ[5)]　　＜くちばし＞

　音節の数が増えても，同様のピッチパターンが観察される。(14) に，2音節から4音節までの語の例を示す。

(14)　2音節　　　　　3音節　　　　　　4音節
　　　ニセ ＜男性＞　　オナゴ ＜女性＞　　シンブンガンシ ＜新聞紙＞
　　　ビンタ ＜頭＞　　ミソジュィ ＜みそ汁＞

---

3) 語末の「ッ」は [t] を表す。
4) 「ィ」「ェ」など，小さく表記した母音は，二重母音の後半の母音を表す。
5) 「シ」など，文字の下にある点は，その音節に含まれる母音が無声化していることを表す。

次に，名詞に助詞が後続した場合のピッチパターンを見る。このとき，高いピッチは，名詞の最後の音節ではなく，［名詞＋助詞］の最後の音節に生じることを示す。下の (15) は，「ビンタ＜頭＞」という名詞に助詞が後続する例である。(15a) は「ガ」が，(15b) は「カラ」が後続した例である。このとき，名詞の最後の音節に高いピッチが生じることはない。また，名詞と助詞の両方に高いピッチが生じることもない。

(15)　a. ビン**タガ** ＜頭が＞　　　b. ビンタ**カラ** ＜頭から＞
　　　＊ビン**タ**ガ　　　　　　　　＊ビン**タ**カラ
　　　＊ビン**タガ**　　　　　　　　＊ビン**タカラ**

(16) に，同様のピッチパターンを示す例を挙げる。

(16)　a. ビンタ**オ**　　　　　　　＜頭を＞
　　　b. ビンタ**デ**　　　　　　　＜頭で＞
　　　c. ビンタ**ズィ**　　　　　　＜頭まで＞
　　　d. ビンタ**カラ**　　　　　　＜頭から＞
　　　e. ビンタバッ**カィ**　　　　＜頭ばかり＞

次に，名詞に助詞が二つ以上後続した場合のピッチパターンを見る。このとき，高いピッチは，最も右にある助詞の最後の音節に生じる。(17a) は，「カラ」と「ガ」が，(17b) は，「バッカィ＜ばかり＞」と「オ＜を＞」が後続した場合である。

(17)　a. ビンタカラ**ガ**　　　　　＜頭からが＞
　　　b. ビンタバッカィ**オ**　　　＜頭ばかりを＞

以下では，品詞や語種の違いに関わりなく同様のピッチパターンが実現することを見る。動詞，形容詞，副詞，外来語，擬音語・擬態語の例を挙げる。(18) は，動詞「イゴッ＜動く＞」の例である。語幹 *igok-* に語尾が続く。

第 1 章 韻律語の形成 25

最後の音節に高いピッチが生じる。

(18) a. イゴッ　　　　　＜動く＞
　　 b. イゴケバ　　　　＜動けば＞
　　 c. イゴタ　　　　　＜動いた＞
　　 d. イゴカン　　　　＜動かない＞

(佐藤 2005, p. 1, (4))

(19) は，形容詞「ムゼ＜かわいい＞」の例である。語幹 *muze-* に語尾が続く。最後の音節に高いピッチが生じる。

(19) a. ムゼ　　　　　　＜かわいい＞
　　 b. ムゼカレバ　　　＜かわいければ＞
　　 c. ムゼカッタ　　　＜かわいかった＞
　　 d. ムゼネ　　　　　＜かわいくない＞

(佐藤 2005, p. 1, (5))

(20) は，副詞の例である。最後の音節に高いピッチが生じる。

(20) a. スッタィ　　　　＜すっかり＞
　　 b. イッキ　　　　　＜すぐに＞
　　 c. キヌ　　　　　　＜昨日＞

(21) は，外来語の例である。最後の音節に高いピッチが生じる。

(21) a. ビール
　　 b. コーヒー
　　 c. パソコン
　　 d. オリンピック

(22) は，擬音語・擬態語の例である。最後の音節に高いピッチが生じる。

(22) a. ピカッ（チ）[6]　　　＜ピカっ（と）＞
　　 b. ピカピカ　　　　　　＜ピカピカ＞

これまで，品詞や語種の違いに関わりなく同様のピッチパターンが実現することを示した。これまでの観察を，次のように一般化することができる。

(23)　文節のピッチパターン：
　　　　最後の音節に高いピッチが生じる。

2.1.2. 終助詞やコピュラが後続する場合のピッチパターン

　この 2.1.2 節では，終助詞やコピュラが後続する場合，上の (23) の一般化に当てはまらないピッチパターンが生じることを示す。このことは，平山 (1974) でも報告されている[7,8]。筆者が行った調査でも，平山 (1974) の報告と同様の現象が観察された。

　はじめに，終助詞が名詞に後続した場合のピッチパターンを見る。このとき，高いピッチは，［名詞＋終助詞］の最後の音節ではなく，終助詞の直前の音節に生じることを示す。(24) は，名詞「ビンタ＜頭＞」に終助詞が後続する例である。(24a) は「ケ」が，(24b) は「ヨ」が続く例である。

(24)　a. ビンタケ ＜頭か＞　　 b. ビンタヨ ＜頭よ＞
　　　　 ＊ビンタケ　　　　　　＊ビンタヨ

---

6)「チ」が続いた場合，「チ」の直前に高いピッチが生じる。これは，次の 2.1.2 節で示す，終助詞やコピュラが後続する場合の現象と同じである。詳しい議論は，2.1.2 節で行う。

7) 平山 (1974) では，終助詞やコピュラが続く場合を「切れるアクセント節」，それ以外の助詞が続く場合を「続くアクセント節」と呼んで区別している。

8) 木部 (2000) では，鹿児島方言においても，助詞・助動詞は，高いピッチの生じ方が異なっており，二種類に分けられている。鹿児島方言は，小林方言と違い，それぞれの語がピッチの実現に関して語彙的な指定を持っている。木部はそれを「アクセント」と呼ぶ。木部では，一方を，アクセントを持たない「従属式の助詞・助動詞」，もう一方を，アクセントを持つ「独立式の助詞・助動詞」と呼んでいる。

続いて，終助詞が動詞や形容詞に後続した場合のピッチパターンを見る．高いピッチは，終助詞の直前の音節に生じることを示す．(25a, b) は，動詞「イゴッ＜動く＞」に，終助詞「ナ」，「ケ」が続く例である．(25c, d) は，形容詞「ムゼ」に，「ド」，「ガ」が続く例である．

(25) a. イゴッナ　　　　　＜動くな＞
　　 b. イゴ**タ**ケ　　　　　＜動いたか＞
　　 c. ム**ゼ**ド　　　　　＜かわいいぞ＞
　　 d. ム**ゼ**ガ　　　　　＜かわいいだろうよ＞

最後に，終助詞がコピュラに後続した場合のピッチパターンを見る．高いピッチは，終助詞の直前の音節に生じることを示す．(26) は，コピュラ「-jar」[9]に，終助詞「ガ」，「カィ」，「ヨ」が続く例である．

(26) a. ジャ**ガ**　　　　　＜そうだよ（強調）＞
　　 b. ジャ**ロ**カィ　　　　＜そうだろうか＞
　　 c. ジャ**ィ**ヨ　　　　　＜そうだよ＞

---

9) -jar は，後続する音によって，r が消失することや，r～i の交替が生じることがある．
10) 終助詞自身に高いピッチが生じる場合があるが，それは，(i) のように，終助詞に先行する要素がなく相槌を打つ場合や，(ii) のように，相手に同調するような場合である．このとき，ピッチの急激な下降を伴う．ピッチの急激な下降を「↓」で表す．

(i) a. ネ↓
　　 b. ナ↓
(ii) ビン**タ**ジャィネ↓　　　＜頭だね＞

(i), (ii) で生じている高いピッチは，文末のイントネーションであり，H トーンの実現ではないと考える．本研究では，このようなイントネーションの問題には立ち入らない．
　終助詞とイントネーションの問題について，木部 (2000) では，鹿児島方言の終助詞（木部 (2000) では「文末詞」）とイントネーションの関係が詳しく議論されている．鹿児島方言は，小林方言とは異なり，二型アクセントを持つ言語である．終助詞におけるピッチの実現にはイントネーションが強く関与しているため，終助詞に語彙的なアクセントを定めることが困難であることを述べている．

上の (24)-(26) の例から，常に終助詞の直前の音節に高いピッチが生じることが分かる[10]。

以下では，コピュラが名詞に後続する場合のピッチパターンを見る。このとき，高いピッチは，[名詞+コピュラ]の最後の音節ではなく，コピュラの直前の音節に生じることを示す。(27) は，名詞「ビンタ＜頭＞」にコピュラが後続する例である。

(27)　a. ビン**タ**ジャ ＜頭だ＞　　　b. ビン**タ**ジャロ ＜頭だろう＞
　　　　＊ビンタ**ジャ**　　　　　　＊ビンタジャ**ロ**

(27) に終助詞が後続した場合も，高いピッチは，コピュラの直前の音節に生じることを示す。(28a) は，コピュラに終助詞「ガ」が，(28b) では「カィ」が，(28c) は，「ガ」と「ネ」が続く例である。

(28)　a. ビン**タ**ジャガ　　　　　＜頭だ（強調）＞
　　　b. ビン**タ**ジャロカィ　　　＜頭だろうか＞
　　　c. ビン**タ**ジャガネ　　　　＜頭だよ（強調）＞

以上，終助詞やコピュラが後続する場合のピッチパターンを観察した。これまでの観察を (29) にまとめる。

(29)　終助詞やコピュラが後続する場合のピッチパターン：
　　　終助詞やコピュラの直前の音節に高いピッチが生じる。終助詞とコピュラが連続した場合，最も左の要素の直前の音節にのみ高いピッチが生じる。

2.2. 韻律語の形成

2.2.1. Hトーン連結規則と韻律語形成規則

この2.2.1節では，小林方言のピッチパターンを派生する音韻規則を仮定す

る。はじめに，高いピッチの実現を導く H トーン連結規則を仮定する。高いピッチは，音韻規則によって，H トーンが TBU に連結されることによって実現したものであると考える。(23) の一般化にあるとおり，この方言において TBU は音節である。また，(23) に基づき，H トーンは語彙的に指定されるトーンではなく，韻律範疇が持つ句トーンであると分析する。H トーンの連結規則を次のように仮定する。問題となる韻律範疇を「韻律語」と呼ぶ。

(30)　H トーン連結規則：
　　　H トーンを，韻律語の右境界に隣接する音節に連結せよ。

$$\begin{array}{c} \sigma\ )_{PW} \\ \vdots \\ H \end{array}$$

(31) に，具体例として「ビンタ＜頭＞」を挙げる。最後の音節の「タ」に高いピッチが生じるのは，(30) の規則によって，その音節に H トーンが連結されているからである。

(31)　ビ　ン　タ $)_{PW}$
　　　　　　　｜
　　　　　　　H

続いて，小林方言において韻律語がどのように形成されるのかを議論する。序論で述べたとおり，本研究では，韻律音韻論を理論的枠組みとしている。そして，末端理論に基づいて，韻律範疇は統語構造を参照して形成されると仮定している。ここで末端理論の考え方を確認しておく。

末端理論では，韻律範疇は統語範疇の末端（右境界もしくは左境界）のみに言及する規則によって形成されると考えられている。末端理論では，韻律範疇形成規則として，下の (32) が仮定されている。

(32) 韻律範疇形成規則 (Selkirk 1986, Chen 1987)：
$C^n : \{Right/Left; X^m\}$
(＝統語範疇の右，もしくは左境界と，韻律範疇の右，もしくは左境界をそろえよ。)

(32) の規則では，C^n によって任意の韻律範疇が表されている。Selkirk (1986) が仮定する韻律範疇は (33) である。

(33) 韻律範疇
   a. 発話 (Utterance)
   b. イントネーション句 (Intonational Phrase)
   c. 音韻句 (Phonological Phrase)
   d. 韻律語 (Prosodic Word)
   e. フット (Foot)
   f. 音節 (Syllable)

(33) のうち，韻律語から発話までが上の (32) の規則によって形成される韻律範疇である。つまり，C^n には，その四つのうちのいずれかが設定される。
　前出の (23) の一般化から，小林方言の韻律語形成に関わるのは，投射ゼロのレベル (X^0 ＝語彙語) の統語範疇であると考えられる。Selkirk (1995) は，X^0 は，機能語ではなく語彙語でなければならないと仮定している。本研究もその仮定に従う。そして，名詞に終助詞以外の助詞が続いた場合，前出の (15)-(17) の観察に基づき，X^0 の左境界が参照されていると考える。X^0 の左境界に韻律語の左境界があると考えれば，下の (34a) のように，名詞と助詞から一つの韻律語が形成されることになり，事実を正しく予測できる。一方，X^0 の右境界に韻律語の境界があると考えると，名詞単独で一つの韻律語が形成されることになり，(34b) のように事実と異なる予測をしてしまう。

(34) a. (ビンタカラ)_PW ＜頭から＞
   b. *(ビン**タ**)_PW カラ

小林方言の韻律語形成規則として，(35) を提案する。

(35) 小林方言における韻律語形成規則：
　　　韻律語：|左；語彙語|
　　　(＝語彙語の左境界と韻律語の左境界をそろえよ。)

2.2.2. 文節のピッチパターン

この 2.2.2 節では，上の (35) の規則がこれまでに見てきた事実に矛盾がないことを確認する。2.1.1 節では，すべての品詞や語種において同様のピッチパターンが生じることを示した。これは，(35) の規則が，品詞や語種の違いについては一切言及しない規則であるからである。また，名詞に終助詞以外の助詞が続いた場合，［名詞＋助詞］の最後の音節に高いピッチが生じることを示した。以下では，このことについて詳述する。

2.1.1 節で取り上げた助詞は，統語論的には，語と見なされるものとそうでないものに分かれる。(36a) は，名詞の現れる構造的位置に基づき生起する構造格である。このような要素は，句の主要部になることはなく，統語論的には一つの「語」とは見なされない。一方，(36b) は後置詞であり，句の主要部になる要素である。つまり，統語論的に一つの「語」と見なされる要素である。これらの要素は「語彙語」に対して「機能語」と呼ばれる。(36a)(36b) の要素がいずれも直前の名詞と共に一つの韻律語となるのは，いずれも語彙語ではないので，(35) の規則が適用されないからであると考えられる。

(36) 　a. ガ＜が＞，オ＜を＞
　　　b. デ＜で＞，ズィ＜まで＞，カラ＜から＞

下の (37a) では，「ビンタガ」で一つの語彙語を成しており，その左境界に韻律語の左境界が設定され，全体で一つの韻律語となっている。一方，(37b) でも同様に，語彙語である「ビンタ」の左境界に韻律語の左境界が設定される。「カラ」が機能語であるため，その左境界に韻律語の境界が設定さ

れることはない。結果として、直前の語彙語と共に一つの韻律語を成すことになる。語彙語を［　］で表す。

(37)　a.［ビン**タ**ガ］　　　　b.［ビン**タ**］カラ
　　　　（ビン**タ**ガ）PW　　　　（ビン**タ**　カラ）PW

2.2.3.　コピュラが後続する場合のピッチパターン
　この2.2.3節では、コピュラが後続した場合のピッチパターンについて議論する。(29)で述べたとおり、高いピッチは、コピュラの直前の音節に生じる。コピュラが後続した場合の例(27)を再掲する。

(27)　a. ビン**タ**ジャ＜頭だ＞　　　b. ビン**タ**ジャロ＜頭だろう＞
　　　　＊ビンタ**ジャ**　　　　　　　　＊ビンタジャ**ロ**

このことは、コピュラの直前に韻律語の境界があることを示している。
　この事実について、次の二つの分析の可能性が考えられる。

(38)　a. 分析1：コピュラが単独で一つの韻律語を形成している。
　　　b. 分析2：コピュラは韻律語外の要素である。

この二つの分析を例で示すと、(39)のようになる。どちらも、コピュラの左境界に韻律語の境界があるという点では同じである。

(39)　a. 分析1：(ビン**タ**)PW (ジャ)PW
　　　b. 分析2：(ビン**タ**)PW ジャ

(39a)を仮定した場合、コピュラから成る韻律語に高いピッチが生じない理由を説明しなければならない。一方、(39b)を仮定した場合、語彙語である「ビンタ」の右端に韻律語境界が設定される理由を説明しなければならない。さらに、「韻律語外の要素」（ここでは「ジャ」）を認めなければならない。

本研究では，(38a) の分析 1 を取る。コピュラを語彙語と見なし，コピュラも単独で一つの韻律語を成すと考える。コピュラを語彙語と見なせば，韻律語の形成は (35) の規則によって適切に派生されると考えることができる[11]。

また，(38a) の分析 1 を取ることで説明できる事実がある。(26) に示したとおり，コピュラで始まる文の場合には，コピュラ自身に高いピッチが生じる。この高いピッチは，韻律語の持つ H トーンの実現であると考えることができる。

(40) 　a. (ジャ)_PW ガ 　　　＜そうだよ（強調）＞ 　　　[(26a)]
　　　b. (ジャロ)_PW カィ 　　　＜そうだろうか＞ 　　　[(26b)]
　　　c. (ジャィ)_PW ヨ 　　　＜そうだよ＞ 　　　[(26c)]

一方，(38a) の分析 1 を取った場合に問題になるのは，(40) のような，コピュラで始まる文を除いては，コピュラから成る韻律語に高いピッチが生じないということである。(27), (28) で示したとおり，コピュラに先行する要素がある場合，コピュラには高いピッチが生じないのである。このことは，一見すると，(30) の H トーン連結規則の反例のように思える。しかし，ここでは，この現象は，(30) の規則によって一旦連結された H トーンが削除されていると分析する。H トーンの削除は，第 2 章以降で扱う「フォーカス」に関わる規則によるものである。この規則によって，フォーカス以外の H トーンは削除される。フォーカスとは，簡単に述べれば，文中で意味的な焦点になる要素のことである。フォーカスについては，第 3 章で詳述する。コピュラが名詞に後続したとき，コピュラに高いピッチが生じないのは，コピュラがフォーカスでないため，一旦連結された H トーンが削除されているからであると分析する。

[11) 例えば，Nishiyama (1999) では，コピュラの「だ」が，動詞 de-ar と現在時制 -u の縮約形であるという分析が行われている。このことは，コピュラを語彙語と見なすことと矛盾しない。

以上，コピュラが単独で一つの韻律語を成すことを述べた。このことは，コピュラが語彙語であると考えることで，前出の (35) の規則によって説明することができる。

2.2.4. 終助詞が後続する場合のピッチパターン

この2.2.4節では，終助詞が後続した場合のピッチパターンについて議論する。終助詞が後続する場合のピッチパターンは，コピュラと同様である。終助詞の直前の音節に高いピッチが生じる。終助詞が後続した場合の例 (24) を再掲する。

(24) a. ビン**タ**ケ ＜頭か＞　　b. ビン**タ**ヨ ＜頭よ＞
　　　＊ビンタ**ケ**　　　　　　＊ビンタ**ヨ**

韻律語の形成について，コピュラの場合と同じく (41) の二つの分析の可能性を検討する。

(41) a. 分析1：終助詞が単独で一つの韻律語を形成している。
　　　b. 分析2：終助詞は韻律語外の要素である。

この二つの分析を具体例で示すと，(42) のようになる。

(42) a. 分析1：(ビン**タ**)_PW (ヨ)_PW　　b. 分析2：(ビン**タ**)_PW ヨ
　　　　　　　(イゴ**タ**)_PW (ケ)_PW　　　　　　　(イゴ**タ**)_PW ケ

コピュラと同じく，(42a) のように，終助詞自身が単独で一つの韻律語を形成していると仮定すると，終助詞の左隣に韻律語の左境界があることを説明しなければならない。しかし，終助詞は機能語であり，(35) の韻律語形成規則によってその境界が設定されるとは考えられない。ここでは，(42b) の分析を取り，終助詞はその直前に韻律語の右境界を要求する要素であると仮定する。

本研究で提案する韻律語形成規則（35）に基づけば，韻律語の右境界は自動的に設定されると考えられる。それは，後続する韻律語の左境界がある場合と，韻律語が文の最後にある場合である。これらに加え，終助詞が後続する場合も，先行する韻律語の右境界が設定されると考える[12]。

2.2.5. 複合語のピッチパターン

この2.2.5節では，複合語のピッチパターンについて議論する。前出の（35）の韻律語形成規則は，語彙語（X^0）という統語範疇に言及するものであり，それよりも小さな単位には言及しない。従って，一つの語が複数の韻律語に分かれることは予測しない。複合語は，複数の要素がレキシコンにおいて結合することで形成され，ポストレキシコンでは一語として振る舞う。複合語に（35）の韻律語形成規則が適用される場合，規則は複合語内部の要素に言及することはない。従って，複合語全体から一つの韻律語が形成される。このことは，複合語内部の要素それぞれに高いピッチが生じることはなく，常に，複合語の最後の音節だけに高いピッチが生じることを予測する。(43) の複合語において見られるピッチパターンは，この予測が正しいことを示している。

(43)　a.（キリン　ビール）_PW　　　　　　＜キリンビール＞
　　　　＊（キリン）_PW（ビール）_PW
　　b.（キューシュー　ダイガッ）_PW　　　＜九州大学＞
　　　　＊（キューシュー）_PW（ダイガッ）_PW
　　c.（チェコ　スロバキア）_PW　　　　　＜チェコスロバキア＞
　　　　＊（チェコ）_PW（スロバキア）_PW

---

[12] 2.2.3節でのコピュラの扱いと，この2.2.4節での終助詞の扱いについて，査読者からさらなる検討の必要性を指摘していただいた。本研究では，コピュラを語彙語と分析し，終助詞を機能語と分析している。それを示すものとして (40) のようにコピュラが文頭にある例を提示した。これと同様に，終助詞が文頭にある場合（例えば，東京方言における同意要求の「ヨネ」など）のピッチの実現を調査することで，本研究での分析の妥当性が明らかになるとの助言をいただいた。今後，調査を行い検討したい。

Kubozono (1993) は，東京方言では，複合語内部の，意味や構造による制約によって，複合語が一つの韻律語にまとまらず，前部要素と後部要素がそれぞれ独立した韻律語に分かれる場合があることを指摘している。例えば，上の (43c) は，東京方言では二つの韻律語に分かれる例である。ここでは，意味による制約が働いていると考えられる。一方，小林方言では，そのような現象は観察されず，意味による制約が働いていないと考えられる。

　構造による制約は，三つ以上の要素からなる複合語に課せられる。東京方言では，複合語が左枝分かれ構造を持つか，右枝分かれ構造を持つかによって，韻律語の形成が異なる。左枝分かれ構造を持つ複合語は，全体で一つの韻律語となるが，右枝分かれ構造を持つ複合語は，第一要素と第二要素の間に韻律語境界が設定される。しかし，小林方言においては，どちらの構造を持つ複合語でも，高いピッチは複合語の最後の音節だけに生じる。このことから，小林方言では，複合語内部の構造による制約が働いていないと考えられる。(44a) は左枝分かれ構造を持つ複合語であり，(44b) は右枝分かれ構造を持つ複合語である。

(44)　a. 左枝分かれ構造
　　　　（[[ニホンブヨー] キョーカィ]）$_{PW}$　　＜日本舞踊の協会＞
　　　b. 右枝分かれ構造
　　　　（[ニホン [ブヨーキョーカィ]]）$_{PW}$　　＜日本にある舞踊協会＞

　上野 (1996) は，小林方言と同じ現象が，宮崎県高鍋町方言に見られることを指摘している。高鍋町方言は，小林方言と同じ一型アクセント言語である。高鍋町方言の複合語においても，構造や意味による制約は働いていないと上野 (1996) は述べている。

　前出の (32) に挙げた Selkirk (1986) の規則は，あらゆる言語で，複合語が複数の韻律語に分かれることはない，ということを予測する。しかし，東京方言のような言語では，この予測とは異なる現象が観察される。同様の問題が，トルコ語の複合語にも生じる。これについては，3.3.2節で取り上げる。

　次に，複合動詞を取り上げる。益岡・田窪 (1992, pp. 16-19) では，複合動

詞に，語彙的複合動詞と統語的複合動詞の二種類が仮定されている。語彙的複合動詞とは，前部要素が動詞としての性質を失っているものであり，統語的複合動詞とは，前部要素が動詞としての性質を保持しているものである。統語的複合動詞は，前項に受動形や使役形などが現れることができるのに対し，語彙的複合動詞にはそのような形式は現れることはないと言う。

前出の（35）の韻律語形成規則に基づけば，語彙的複合語であるか統語的複合語であるかによって，韻律語形成が異なることが予測される。語彙的複合語は，全体が一つの韻律語を形成し，複合語の最後の音節だけに高いピッチが生じることを予測する。一方，統語的複合語は，前部要素と後部要素がそれぞれ韻律語を形成し，それぞれの要素の最後の音節に高いピッチが生じることを予測する。しかし，事実はこの予測とは異なり，統語的複合語においても，前部要素と後部要素のそれぞれに高いピッチが生じることはない[13]。

はじめに，語彙的複合語を見る。（45）は，語彙的複合語では，複合語の最後の音節だけに高いピッチが生じることを示している。このことは，（35）の規則に矛盾しない。

---

[13] 佐藤（2005）は，複合動詞の種類によってピッチパターンの実現が異なることを報告している。益岡・田窪（1992）に基づき，複合動詞を語彙的複合動詞と統語的複合動詞に分類し，統語的複合動詞では，ピッチパターンに揺れがあることを指摘している。(a) が語彙的複合動詞，(b) が統語的複合動詞である。

 a. *ツレモドス *ツレモドス ツレモドス （佐藤 2005, p. 3,（10））
 b. ノンハジムィ ノンハジムィ ノンハジムィ （佐藤 2005, p. 2,（6））

このような事実に基づき，統語的複合動詞では，前部要素と後部要素がそれぞれ独立した韻律語となっていると仮定している。しかし，その後，本研究のコンサルタントの調査では，統語的複合語であっても，前部要素と後部要素それぞれに高いピッチが生じるという例が観察されていない。このような違いの原因を明らかにする必要があるが，以前のコンサルタントの再調査をすることが困難であるため，データの確認を行うことは不可能である。本研究では，現在のコンサルタントから得たデータに基づき議論を進める。

(45) 語彙的複合語
　　a. ツレ　モドス　　＜連れ戻す＞
　　b.＊ツレ　モドス
　　c.＊ツレ　モドス

　次に，統語的複合語を見る。下の (46) は，統語的複合語も，語彙的複合語と同様に，複合語の最後の音節だけに高いピッチが生じることを示している。そして，前部要素と後部要素のそれぞれに高いピッチが生じることはないということを示している。このことは，(35) の規則に矛盾する。語彙的複合語と異なるのは，(46b) に比べ，(46c) の容認度が若干高いことである。

(46) 統語的複合語
　　a. ノン　ハジムィ　　＜飲み始める＞
　　b.＊ノン　ハジムィ
　　c.??ノン　ハジムィ

　以上で述べた容認度の違いが，語彙的複合語と統語的複合語における韻律語形成の違いに起因するものなのかどうか，検討する必要がある。また，統語的複合語において，前部要素と後部要素がそれぞれ韻律語を形成すると分析した場合，なぜそれぞれの要素に高いピッチが生じることがないのか，という問題も残る。このことについては，今後の課題とする。今後，さらなる調査を行い，この問題を明らかにする[14]。

2.2.6.　句のピッチパターン
　この 2.2.6 節では，句のピッチパターンについて議論する。前出の (35) の

---

[14] 査読者より，語彙的複合語と統語的複合語の振る舞いが全く同じであっても，影山 (1993) のモジュール形態論に基づき分析が可能であると指摘していただいた。(45) と (46) の容認性の違いの要因を明らかにした上で，この分析を取り入れることを検討したい。

韻律語形成規則は，語彙語（X⁰）という統語範疇に言及するものであり，それよりも大きな単位には言及しない。従って，複数の語からなる句全体で一つの韻律語を成すことは予測しない。句に（35）の韻律語形成規則が適用される場合，句を構成するそれぞれの語が韻律語を形成する。このことは，句を構成するそれぞれの語に高いピッチが生じることを予測する。(47)の句において見られるピッチパターンは，この予測が正しいことを示している。

　(47a, b) は名詞句，(47c, d) は動詞句の例である。(47)では，すべての例において，句を構成するそれぞれの語に高いピッチが生じている。このことは，句全体で一つの韻律語を形成することはなく，それぞれの語が韻律語を成すことを示している[15]。

---

15) (47a) に関して，これまでの調査で次のような発話が聞かれた。

　　(i) 　シレ　　マフラー

この例は，これまでの議論から，二つの語彙語が一つの韻律語となっていると分析できる。筆者のコンサルタントでは，このような例は頻繁に見られるものではないが，このような現象は，平山（1936）でも指摘されている。ただし，現象自体については，「地方によって必ずしも一定せず，又個人差による場合も認められる」（平山 1936, p. 62, 下段 ll. 10, 11）と述べている。

　　(ii) a. ヨ**カ**　オゴ　　　　　　＜非常に美しい娘＞
　　　　 b. ヨカ　オゴ　　　　　　　＜美少女＞

　　(iii) a. グワンタレ　ネコ　　　　＜非常に性の悪い猫＞
　　　　 b. グワンタレ　ネコ　　　　＜悪猫＞　　　　　　（平山 1936, p. 62）

平山（1936）では，それぞれのパターンの生じる条件について，一語として慣用されるものは (iib)，(iiib) のパターンで現れ，形容詞の本来の意味が意識される場合は (iia)，(iiia) のパターンとなると言う。
　ここでは，二つの語彙語が一つの韻律語になる場合，二つの語彙語はレキシコン内部で結合されており，音韻論において複合語として解釈されている可能性があると考える。この場合，二つの語彙語それぞれに統語的操作が働くことはなく，また，二つの語彙語の間に統語的要素が介入することがないということを予測する。二つの語彙語が一つの韻律語となるデータを集め，このような分析が妥当であるかどうか，今後検討したい。

(47) a. [NPシレ　マフラー]
　　　（シレ）PW（マフラー）PW ヨ　　　＜白いマフラー（だ）よ＞

　　b. [NPアタイガ　ムヒメ]
　　　（アタイガ）PW（ムヒメ）PW ヨ　　＜私の娘（だ）よ＞

　　c. [VPビールオ　ノンダ]
　　　（ビールオ）PW（ノンダ）PW ド　　＜ビールを飲んだよ（強調）＞

　　d. [VPムヒメガ　ユタ]
　　　（ムヒメガ）PW（ユタ）PW ガヨ　　＜娘が言ったよ＞

　以上，句のピッチパターンを観察し，韻律語がどのように形成されているのかを見た。そして，それらが韻律語形成規則（35）によって矛盾なく記述できることを示した。

2.3. 2節のまとめ

　この2.3節では，2節で行った議論をまとめる。2節では，小林方言において，語や文節単位で見られるピッチパターンを観察し，そのピッチパターンを派生する規則を提案した。「Hトーン連結規則」と，この規則の適用領域である韻律語を形成する「韻律語形成規則」である。
　統語論においてすべての操作が完了した後，韻律語形成規則が適用される。規則を以下に再掲する。

(35)　小林方言における韻律語形成規則：
　　　韻律語：|左；語彙語|
　　　（＝語彙語の左境界と韻律語の左境界をそろえよ。）

　(35)の規則が適用され，韻律語が形成された後，音韻論において，Hトーンの連結規則が適用される。規則を以下に再掲する。

(30)　Hトーン連結規則：
　　　　Hトーンを，韻律語の右境界に隣接する音節に連結せよ。

この二つの規則によって，小林方言の「一型アクセント」と呼ばれるピッチパターンが派生される。

3．トルコ語

　この3節では，トルコ語の語に見られるピッチパターンを記述する。トルコ語のアクセントについては，Lees (1961), Lewis (1967), Sezer (1986) など，多くの研究者によって記述が行われている。これまでの研究によって，トルコ語には，「例外的な」ピッチパターンを持つ語が存在することが知られている。ここでは，「例外的な」ピッチパターンを含め，それらがどのように派生されるのかを議論する。
　3.1節では，トルコ語のアクセントがピッチ・アクセントなのか，ストレス・アクセントなのか，という問題を取り上げる。これまでの多くの研究では，トルコ語はストレス・アクセント言語であると考えられてきた。これに対して，本研究ではトルコ語のアクセントはピッチ・アクセントであると考える。
　3.2節では，トルコ語の典型的なピッチパターンと，その例外を取り上げる。典型的なピッチパターンとは，語の最後の音節に高いピッチが生じるというパターンである。例外的なピッチパターンは，語に指定されたアクセントが実現したものであると考え，アクセントの指定がどのように行われるのかを議論する。さらに，コピュラや少数の不規則接辞が後続する場合のピッチパターンを記述する。
　3.3節では，トルコ語における語のピッチパターンを派生する規則を提案する。さらに，複合語と句のピッチパターンを観察し，韻律語の形成規則が派生のどの段階で適用されるのか，という問題を論じる。
　3.4節では，3節のまとめを行う。

3.1. トルコ語におけるアクセントの性質

これまでの多くの研究では，トルコ語はストレス・アクセントを持つことが前提とされ，Lees (1961)，Lewis (1967)，Sezer (1986) ら多くの研究者によって，アクセントが指定される位置についての記述が行われている。一方で，トルコ語のアクセントが音声的にどのように実現するかという問題は，あまり議論されていない。ここでは，Levi (2005) の行った音響音声学的な研究を紹介する。ここでは，音響音声学的にも，音韻論的にも，トルコ語のアクセントをピッチ・アクセントと考えることが適切であることを述べる。

Levi (2005) は音響音声学的な実験を行い，トルコ語がストレス・アクセント言語なのか，ピッチ・アクセント言語なのかという問題に取り組んだ。Levi (2005) は，Beckman (1986) に従い，問題となるアクセントがストレスであるかピッチであるかを区別する指標として (i) 母音の持続時間 (ii) 基本周波数 (iii) インテンシティーの三つを用いる。Beckman (1986) は，ピッチ・アクセント言語では，アクセントの有無は，基本周波数の違いでのみ区別されるのに対し，ストレス・アクセント言語では，母音の持続時間，基本周波数，インテンシティーの三つの違いで区別されると述べている。Levi (2005) では，トルコ語において，アクセントの有無がどのように区別されているのかを観察した。その結果，トルコ語では，(i), (ii), (iii) の三つすべてにおいて違いはあるものの，最も明確な違いが観察されたのは基本周波数の違いであった。このことから，トルコ語をピッチ・アクセント言語であると結論付けた。

他言語との対照研究を行う場合，それぞれの言語のアクセントがどのように音声的に実現するのかを明らかにしておく必要がある。本研究では，Levi (2005) の実験結果に基づき，トルコ語のピッチパターンを観察することでアクセントの実現を考察し，小林方言と比較・対照する。

音韻論的な観点からも，トルコ語のアクセントをストレスと見なすのは適当でない。早田 (1999) は，「ストレスの有る音節は明瞭に（母音の場合は反中舌的に）発音される結果，ストレス・アクセント言語では，ストレスの無い音節より何らかの音韻論的弁別力が高い」（早田 1999, pp. 11-12）と述べてい

る。そして，ストレス・アクセントを持つイタリア語やロシア語では，ストレスのある音節では，ストレスのない音節に比べて区別される母音の数が多いことを指摘している。

これまでの多くの研究では，トルコ語では，語の最後の音節にストレスがあると考えられている。しかし，トルコ語は母音調和がある言語なので，二音節以上の語の場合，初頭の音節の方が区別される母音の数が多いのである。このことは，音韻論的な観点からも，トルコ語のアクセントをストレス・アクセントと見なすことが適当でないことを示している[16]。

以上，トルコ語は，音響音声学的にも音韻論的にもストレス・アクセントの特徴を持たないことを述べた。このことから，本研究では，トルコ語のアクセントはピッチ・アクセントであると考え，ピッチパターンの観察に基づき議論を行う[17]。

詳しい観察に移る前に，トルコ語のピッチ曲線を示しておく。下の（48）

---

[16] トルコ語の母音は / i ü ı u e ö o a / の 8 個である。トルコ語には母音調和があり，語幹内では，母音の共起に制限がある。一つ目は，前舌母音と後舌母音が共起しないという制限である。二つ目は，第 2 音節以降の高舌母音は，円唇性に関して，先行する音節の母音に一致するという制限である。
前舌母音 / i ü e ö /，後舌母音 / ı u a o /

(i)　a. kedi　　＜猫＞　　　　　b. köpek　＜犬＞
　　　c. kadın　＜女性＞　　　　d. koyun　＜羊＞

円唇母音 / ü u ö o /，非円唇母音 / i ı e a /

(ii)　a. çocuk　＜子供＞　　b. soru　＜質問＞　　c. serin　＜涼しい＞
　　　d. karın　＜お腹＞　　e. süre　＜期間＞　　f. sonra　＜後で＞

ただし，外来語には，これらの制限に従わないものが多い。
[17] 福盛 (2010) においても，同様の議論がなされ，トルコ語がピッチ・アクセント（福盛 (2010) では「高さアクセント」）であると考えられている。さらに，Levi (2005) と福盛 (2010) は「下がり目」の重要性を主張し，トルコ語が東京方言と同様のアクセント体系を持つことを示唆している。このことを議論するのは本研究の主旨ではないため，詳細は取り上げない。

に対応するピッチは，低く始まり，その後上昇している。高いピッチが生じる音節をボールド体のスモールキャピタルで表す。

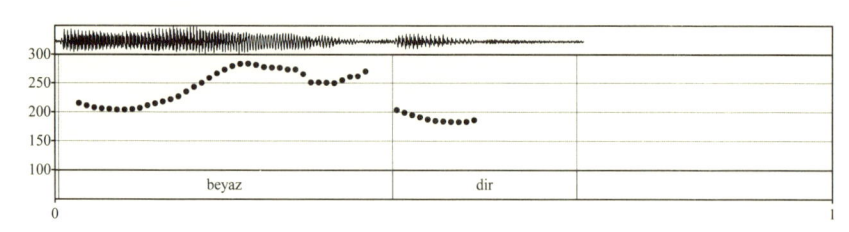

(48) beYAZ dır ＜白い＞
 白い COP

図2

3.2. ピッチパターンの観察

この3.2節では，はじめに，規則的なピッチパターンを，次に，例外的なピッチパターンを，最後に，不規則接辞，コピュラが後続する場合のピッチパターンを観察する。

3.2.1. トルコ語の「一型アクセント」

まず，(49)にトルコ語の典型的なピッチパターンを示す。(49)に示すとおり，どの語も，最後の音節に高いピッチが生じる。

(49) a. aRA ＜間＞ b. elMA ＜りんご＞
 c. damLA ＜しずく＞ d. manzaRA ＜風景＞
 e. kırmIZI ＜赤（い）＞ f. kalabaLIK ＜混雑（した）＞
 g. OKU- ＜読む＞ h. gönDER- ＜送る＞

次に，名詞語幹に接辞が続く場合のピッチパターンを示す。(50)は，(49a)-(49d)の名詞に複数を表す接辞 -lEr[18] が続いた場合のピッチパターンである。[語幹＋接辞]の最後の音節に高いピッチが生じる。

(50)　ara-LAR　　　　　　＜間（複数）＞
　　　elma-LAR　　　　　　＜りんご（複数）＞
　　　damla-LAR　　　　　＜しずく（複数）＞
　　　manzara-LAR　　　　＜風景（複数）＞

　さらに，名詞語幹に複数の接辞が続く場合のピッチパターンを示す。(51)は，elma＜りんご＞に，複数を表す接辞 -lEr，所有格（一人称単数）の接辞 -Im[19]，奪格の接辞 -DEn[20] が続いた場合のピッチパターンである。常に，語幹の最後，または［語幹＋接辞］の最後の音節に高いピッチが生じる。

(51)　elMA　　　　　　　　＜りんご＞
　　　りんご

　　　elma-LAR　　　　　　＜りんご（複数）＞
　　　りんご -PL

　　　elma-laR-IM　　　　　＜私のりんご（複数）＞
　　　りんご -PL-POSS.1sg

　　　elma-lar-ım-DAN　　　＜私のりんご（複数）から＞
　　　りんご -PL-POSS.1sg-ABL

　以下では，動詞語幹に接辞が続く場合のピッチパターンを示す。(52) は，gönder- ＜送る＞に過去を表す接辞 -DI，三人称複数を表す接辞 -lEr が続いた場合のピッチパターンである。このときも，［語幹＋接辞］の最後の音節に高いピッチが生じる。

---

18) -lEr は，母音調和により -lar または -ler で実現する。これ以降，接辞の斜体大文字の E は a～e の交替があることを表す。
19) -Im は，母音調和により -im, -ım, -um, -üm で実現する。これ以降，接辞の斜体大文字の I は，i～ı～u～ü の交替があることを表す。
20) -DEn は，母音調和と子音の有声性の順行同化により -tan, -ten, -dan, -den で実現する。これ以降，接辞の斜体大文字の D は，t～d の交替があることを表す。

(52)　gönDER　　　　　　　　　　＜送れ＞
　　　　送る.IMP

　　　　gönder-Dİ　　　　　　　　＜彼が送った＞
　　　　送る-PAST.3sg

　　　　gönder-di-LER　　　　　　＜彼らが送った＞
　　　　送る-PAST-3pl

　　これまでの観察を，以下のように一般化することができる。

(53)　語のピッチパターン：
　　　　最後の音節に高いピッチが生じる。

　　ここで，(53)のピッチパターンを派生するHトーン連結規則を仮定する。高いピッチは，音韻規則によって，HトーンがTBUに連結されることによって実現したものであると考える。(53)の一般化にあるとおり，トルコ語においてTBUは音節である。(53)に基づき，Hトーンは語彙的に指定されるトーンではなく，韻律範疇が持つ句トーンであると分析する。Hトーン連結規則を(54)のように仮定する。この規則は，(64)で最終版として改定される。

(54)　Hトーン連結規則（暫定版）：
　　　　Hトーンを，韻律語の右端に隣接する音節に連結せよ。

$$\begin{array}{c} \sigma\,)_{PW} \\ \vdots \\ H \end{array}$$

　　(55)に，具体例として *beyaz* ＜白＞を挙げる。最後の音節の *yaz* に高いピッチが生じるのは，(54)の規則によって，その音節にHトーンが連結されているからである。

(55)　　　　be YAZ)_PW
　　　　　　　　|
　　　　　　　　H

3.2.2. 「例外的な」ピッチパターン

　この 3.2.2 節では，前出の (53) の一般化に当てはまらない，「例外的な」ピッチパターンを取り上げる。Lees (1961)，Lewis (1976)，Sezer (1986) らによって，外来語，地名，副詞の多くの語において，「最後の音節」以外の音節に高いピッチが生じることが報告されている。(56) に例を挙げる。(56a-d) が外来語，(56e, f) が地名，(56g, h) が副詞である。

(56)　a. BIra　　＜ビール＞　　　b. LAMba　　＜電灯＞
　　　c. piJAma　＜パジャマ＞　　d. loKANta　＜レストラン＞
　　　e. ANkara　＜アンカラ＞　　f. isTANbul　＜イスタンブール＞
　　　g. BELki　 ＜おそらく＞　　h. YOKsa　　＜それとも＞

Sezer (1986) は，アクセント指定規則として，(57) を提案している。

(57)　アクセント指定規則（Sezer 1986）：
　　　　a. 後ろから 3 番目の音節が重音節で，かつ後ろから 2 番目の音節が軽音節なら，後ろから 3 番目の音節にアクセントを付与せよ。
　　　　b. それ以外は，後ろから 2 番目の音節にアクセントを付与せよ。

(56) の例において，(57a) の条件に当てはまる Ankara ＜アンカラ＞では，後ろから 3 番目の音節にアクセントがある。それ以外のすべての語では，後ろから 2 番目の音節にアクセントがある。

　トルコ語の例外的なアクセントに関しては，(57) のアクセント指定規則を認める立場と認めない立場がある。Kabak and Vogel (2001) は，後者の立場を取り，例外的なアクセントはすべて語彙的に指定されていると仮定する。その根拠として，上の (57) の規則に従わない語が多数存在することを指摘し

ている。一方，Inkelas and Orgun (1998, 2003), Inkelas (1999) は，前者の立場を取り，(57) をトルコ語の地名のアクセントを指定する規則として仮定する。(56e, f) の *Ankara* ＜アンカラ＞と *istanbul* ＜イスタンブール＞という地名は，(57) の規則によってアクセントが指定されていると分析する[21]。

(57) の規則に従わない例としては，下の(58) のようなものがある。(57) の規則は，(58a) は後ろから3番目の音節に，(58b, c) は後ろから2番目の音節にアクセントが付与されることを予測する。しかし，実際はそうではない。

(58)　a. afRıka　　　　＜アフリカ＞
　　　b. sınema　　　　＜映画館＞
　　　c. Numara　　　　＜番号＞

Kabak and Vogel (2001) は，これらの語も，前出の (56) の語と同じく，アクセントは語彙的に指定されていると考える。一方，Inkelas and Orgun (1998, 2003), Inkelas (1999) も，これらの語のアクセントは，語彙的に指定されていると考える。Inkelas and Orgun (1998, 2003), Inkelas (1999) は，(57) の規則を，地名のアクセントを指定する規則と考えており，外来語や副詞などにこの規則に従わないものがあったとしても，規則の例外とは見なさない。それらの語のアクセントは，Kabak and Vogel (2001) と同様に，語彙的に指定さ

---

21) 本来，Inkelas and Orgun (1998, 2003), Inkelas (1999) では，(57) の規則は，地名ではない語から地名を派生する規則として考えられている。例えば以下の例のように，bebek ＜赤ん坊＞に規則が適用されることで，地名が派生されていると説明する。

　　(i)　bebék ＜赤ん坊＞
　　(ii)　bébek ＜ベベッキ（地名）＞

(56e, f) のように，そもそも地名である語にこのような規則が適用すると仮定するのは余剰的であるとも考えられる。このことに関しては，Inkelas and Orgun (2003, p. 153, ll. 16-33) において触れられているが，その論文の主題ではないため，詳しい議論はなされていない。

れていると仮定している。問題になるのは（58a）の地名である。これは，(57) の規則の反例になる。しかし，Inkelas and Orgun (2003) は，このような例はごくわずかであり，(57) の規則を否定する根拠にはならないと述べている。

　本研究では，(57) の規則を仮定する立場をとる。しかし，Inkelas and Orgun (1998, 2003)，Inkelas (1999) の分析とは異なり，地名のアクセントを指定する規則とは考えない。なぜなら，(57) が，無意味語のピッチパターンを予測する生産的な規則だと考えられるからである。下の (59) は，日本の地名であることを知らせずに，無意味語として発話されたもののピッチパターンである。(59a) は後ろから3番目の音節に，(59b, c) は後ろから2番目の音節に高いピッチが生じる。

(59)　無意味語
　　　a. toTtori
　　　b. naGoya
　　　c. kanaGAwa

無意味語のアクセントがレキシコンで語彙的に指定されているとは考えられない。これらの語のアクセントは，規則によって付与されていると考えなければならない。(59) の例は，上の (57) の規則が無意味語にアクセントを付与する生産的な規則として働いていることを示している。

　ここでは，無意味語で働く規則が，外来語や地名にも同じように適用されると考える。ただし，外来語であってもこの規則に従わない語があり，ここでは，それらのアクセントは語彙的に指定されていると考えておく。

　ここまでの議論をまとめる。アクセントには，(60) に挙げる二種類があることを述べた。

(60)　a. アクセント指定規則 (57) によって指定されたアクセント
　　　b. 語彙的に指定されているアクセント

次に，アクセントを指定された名詞語幹に接辞が続く場合のピッチパターンを示す。(61) は，規則によってアクセントが指定されている名詞語幹に，複数を表す接辞 -lEr が続いた場合のピッチパターンである。単独形の場合と同じ音節に高いピッチが生じる。

(61)　a. 単独形　　　　　　　b. -lAr が後続した形
　　　　bİra　　＜ビール＞　　　　bİra-lar　　＜ビール（複数）＞
　　　　LAMba　＜電灯＞　　　　　LAMba-lar　＜電灯（複数）＞
　　　　loKANta　＜レストラン＞　loKANta-lar　＜レストラン（複数）＞
　　　　piJAma　＜パジャマ＞　　 piJAma-lar　 ＜パジャマ（複数）＞

(62) は，語彙的にアクセントが指定されている名詞語幹に，複数を表す接辞 -lEr が続いた場合のピッチパターンである。単独形の場合と同じ音節に高いピッチが生じる。

(62)　a. 単独形　　　　　　　b. -lAr が後続した形
　　　　sİnema　＜映画館＞　　　sİnema-lar　＜映画館（複数）＞
　　　　NUmara　＜番号＞　　　　NUmara-lar　＜番号（複数）＞

(61) と (62) では，規則によって指定されたアクセントを持つ語幹，語彙的に指定されたアクセントを持つ語幹に接辞が続く例を見たが，どちらにおいても，アクセントが指定された音節に高いピッチが生じる。

続いて，アクセントが指定された名詞語幹に複数の接辞が続く場合のピッチパターンを示す。(63) は，bİra ＜ビール＞に，複数を表す接辞 -lEr，所有格（一人称単数）の接辞 -Im，奪格の接辞 -DEn が続いた場合のピッチパターンである。ここでも，アクセントが指定された音節に高いピッチが生じる[22]。

---

[22] 佐藤 (2009)，Sato (2010) では，「例外的な」ピッチパターンを持つ語においてピッチの揺れがあることを指摘している。そこでは，語の最後の音節に高いピッチが生じる場合があることが観察されている。このような現象が，どのような条件で生じるのか，また，どのように派生されるのかという問題は，今後の課題とする。

第 1 章　韻律語の形成　　　　　　　　　　　　　　　　　　　51

(63)　ʙira　　　　　　　　　　　　　＜ビール＞
　　　ビール

　　　ʙira-lar　　　　　　　　　　　　＜ビール（複数）＞
　　　ビール -PL

　　　ʙira-lar-ɪm　　　　　　　　　　＜私のビール（複数）＞
　　　ビール -PL-POSS.1sg

　　　ʙira-lar-ɪm-dan　　　　　　　　＜私のビール（複数）から＞
　　　ビール -PL-POSS.1sg-ABL

　これまでの観察に基づき，(54) で暫定的に仮定した H トーン連結規則を，次のように改定し，最終版とする。

(64)　H トーン連結規則（最終版）：
　　　　アクセントが指定された音節があれば，H トーンをそれに連結せよ。
　　　　そうでなければ，韻律語の右境界に隣接する音節に連結せよ。

　先述した (57) のアクセント指定規則と，上の (63) の H トーン連結規則は，異なる段階で適用される規則である。アクセント指定規則は，レキシコンにおいて適用される規則である。レキシコンにおいて，限られた品詞や語種に適用される。一方，H トーン連結規則は，ポストレキシコンにおいて適用される規則である。
　以下に，アクセントに関して異なる特徴を持つ三つの語のピッチパターンの派生を示す。(65a) はアクセントの指定のない語 *elma* ＜りんご＞，(65b) は規則によってアクセントが指定される語 *bira* ＜ビール＞，(65c) は語彙的にアクセントが指定されている語 *sinema* ＜映画館＞である。外来語，地名，無意味語は基底形で "f" という素性を持つと仮定する。

(65) a. /elma/ b. /bira_f/ c. /sínema_f/

　　アクセント指定規則　　　—　　　　　bíra　　　　　—

　　韻律語の形成規則　　　(elma)_PW　　(bíra)_PW　　(sínema)_PW

　　Hトーン連結規則　　　(elma)_PW　　(bíra)_PW　　(sínema)_PW
　　　　　　　　　　　　　　│　　　　　│　　　　　│
　　　　　　　　　　　　　　H　　　　　H　　　　　H

　以上のような音韻規則の適用を経て，いずれかの音節にHトーンが連結され，高いピッチが生じる。韻律語の形成規則については，3.3節で詳述する。

3.2.3. 不規則接辞やコピュラが後続する場合のピッチパターン

　トルコ語では，アクセントを持たない語幹に接辞が続いた場合，［語幹＋接辞］の最後の音節に高いピッチが生じることを見た。しかし，不規則接辞やコピュラが続いた場合，これとは異なるピッチパターンが実現する。この3.2.3節では，不規則接辞やコピュラが後続する場合のピッチパターンを観察する。

　はじめに，不規則接辞を取り上げる。不規則接辞には，(66)に挙げた二種類がある。

(66)　a. その直前の音節に高いピッチが生じる接辞
　　　b. それ自身に高いピッチが生じる接辞

　以下に，(66a)の接辞の一部を挙げる。下の(67)は，Inkelas (1994, p. 19, (61))の一部を抜粋したものである。

第 1 章　韻律語の形成　　53

(67)

接辞	例	和訳
-mE	tekmeLE-me 蹴る-NEG	蹴るな
-mI	araBA-mı 車-Interrogative	車か？
-(y)lE	keDİ-yle 猫-with	猫と
-(y)In	YAP-ın する-IMP	してください
-cE	güZEL-ce 良い-副詞派生接辞	良く
-leyin	akŞAM-leyin 夕方-副詞派生接辞	夕方に
-cEsInE	hayVAN-casına 動物-like	動物のように

(Inkelas 1994, p. 19, (61) より抜粋)

　ここでは，否定を表す接辞 -mE を例に挙げて，(66a) の不規則接辞の振る舞いを詳しく見る。下の (68) に例を挙げる。(68a) は，語幹 iç- ＜飲む＞に，過去を表す接辞 -DI が続いた場合のピッチパターンである。3.2.1 節までに見たとおり，［語幹＋接辞］の最後の音節に高いピッチが生じる。一方，(68b) は，語幹 iç- に，否定を表す接辞 -mE が続いた場合のピッチパターンである。-mE の直前の音節に高いピッチが生じる。(68c) は，語幹 iç- に，否定を表す接辞 -mE が続き，さらに過去を表す接辞 -DI が続いた場合のピッチパターンである。この場合も，-mE の直前の音節に高いピッチが生じる。

(68)　a. iç-Tİ　　　　　　　　＜彼は飲んだ＞
　　　　飲む-PAST.3sg

　　　b. İÇ-me　　　　　　　　＜飲むな＞
　　　　飲む-NEG

c. iç-me-di　　　　　　　　＜彼は飲まなかった＞
飲む-NEG-PAST.3sg

以下に，(66b) の接辞の一部を挙げる。下の (69) も，Inkelas (1994, p. 19, (61)) の一部を抜粋したものである。

(69)

接辞	例	和訳
-Iyor	yaP-ɪyor する-PROG.3sg	している
-ErEk	baK-Arak 見る-by	見ながら
-IncE	geL-iNce 来る-when	来たら

(Inkelas 1994, p. 19, (61) より抜粋)

ここでは，進行を表す接辞 -Iyor を例に挙げて，前出の (66b) の不規則接辞の振る舞いを詳しく見る。下の (70) に例を挙げる。(70a) は，語幹 iç- ＜飲む＞に，進行を表す接辞 -Iyor が続いた場合のピッチパターンである。-Iyor の初頭の音節に高いピッチが生じる。(70b) は，語幹 iç- に，進行を表す接辞 -Iyor が続き，さらに過去を表す接辞 -DI が続いた場合のピッチパターンである。この場合も，-Iyor の初頭の音節に高いピッチが生じる。

(70)　a. iç-iyor　　　　　　　　＜彼は飲んでいる＞
　　　　飲む-PROG.3g

　　　b. iç-iyor-du　　　　　　　＜彼は飲んでいた＞
　　　　飲む-PROG-PAST.3g

以下では，コピュラを取り上げ，その振る舞いを見る。下の (71) に例を挙げる。(71a) は，語幹 elma ＜りんご＞に，コピュラ -DIr が続いた場合のピッチパターンである。コピュラの直前の音節に高いピッチが生じる。(71b)

は，語幹 *elma* に，コピュラ *-y* が続き，さらに過去を表す接辞 *-DI* が続いた場合のピッチパターンである．この場合も，コピュラの直前の音節に高いピッチが生じる．

(71) a. elMA dır　　　　　＜あれはりんごだ＞
　　　 りんご COP.3sg

　　 b. elMA-y-dı　　　　　＜あれはりんごだった＞
　　　 りんご-COP-PAST.3sg

最後に，アクセントを持つ語幹に，不規則接辞やコピュラが続いた場合のピッチパターンを示す．(72a) では，初頭の音節にアクセントを持つ *bira* ＜ビール＞に不規則接辞が続いた場合，(72b) は，コピュラが続いた場合である．いずれも *bira* のアクセントが実現している．

(72) a. 不規則接辞　　　　　　　　b. コピュラ
　　　 BIra-mı　＜ビールか？＞　　　BIra-dır　＜ビールだ＞
　　　 ビール-Interrogative　　　　　ビール-COP

　　　 BIra-yla　＜ビールと＞　　　　BIra-y-dı　＜ビールだった＞
　　　 ビール-with　　　　　　　　　ビール-COP-PAST

これまでに見た，不規則接辞やコピュラが後続する場合のピッチパターンを (73) にまとめる．

(73) 不規則接辞やコピュラが後続する場合のピッチパターン：
　　 先行する語幹がアクセントを持っていれば，それが実現する．
　　 そうでない場合，次のようになる．
　　 (i) 不規則接辞が続く場合，その種類 (66a, b) により，高いピッチは，その接辞の直前の音節，もしくはその接辞自身に生じる．
　　 (ii) コピュラが続く場合，高いピッチは，コピュラの直前の音節に生じる．

3.3. 韻律語の形成

3.3.1. 不規則接辞とコピュラを含む韻律語

この3.3.1節では，トルコ語の韻律語がどのように形成されるのかを議論する。3.2.1節の（53）の一般化のとおり，トルコ語では，語幹に不規則接辞以外の接辞が続いた場合，高いピッチは，接辞の最後の音節に生じる。つまり，［語幹＋接辞］が一つの韻律語を成すと考えられる。問題となるのは，不規則接辞とコピュラが後続する場合である。

不規則接辞とコピュラが後続する場合のピッチパターンに関しては，これまで二つの分析が提案されている。Kabak and Vogel (2001) による分析とInkelas and Orgun (1998, 2003) による分析である。二つの分析を（74）に挙げる。

(74) a. Kabak and Vogel (2001) の分析：
　　　不規則接辞とコピュラは，語彙的に「韻律語に含まれない要素」として指定されている。
　　b. Inkelas and Orgun (1998, 2003) の分析：
　　　不規則接辞とコピュラは，語彙的にアクセントを指定されている。

下の（75）に，否定を表す不規則接辞 -mE を例として，この二つの分析の違いを述べる。(75a) は，Kabak and Vogel (2001) の分析に基づき，-mE を語彙的に韻律語に含まれない要素であると見なしている。韻律語は［語幹］のみから成る。韻律語の右端に隣接する音節である，iç- にHトーンが連結される。一方，(75b) は，Inkelas and Orgun (1994) の分析に基づき，-mE を語彙的に前アクセント（pre-accented）を持つ要素であると見なしている。直前の音節 iç- にアクセントが指定され，その音節にHトーンが連結される。「ˆ」で前アクセントを表す。

(75)　a. Kabak and Vogel (2001) の分析：
　　　　(iç)_PW -me　　　＜飲むな＞
　　　　飲む-NEG

　　　b. Inkelas and Orgun (1998, 2003) の分析：
　　　　iç-ˆme　　　　　＜飲むな＞
　　　　飲む-NEG

　二つの分析は，不規則接辞が語彙的にどのような指定を持っているのかという点で大きく異なっている。
　Kabak and Vogel (2001) は，「韻律語に含まれない要素」を Prosodic Word Adjoiner（PWA）と呼び，トルコ語における韻律語の形成を以下のように提案している。

(76)　Kabak and Vogel (2001) による韻律語形成規則：
　　　　語幹と，[PWA を除くすべての接辞] から韻律語を形成せよ．
　　　　　　　　　　　　　　　　　　　Kabak and Vogel (2001, p. 328, (23))

Kabak and Vogel (2001) では，PWA として，前出の (67) の不規則接辞とコピュラを挙げている。
　PWA に接辞が続いた場合，それらの接辞も韻律語に含まれないと考えられている。(77) の -DI がそれを示している。

(77)　a. 不規則接辞：
　　　　(iç)_PW-me_PWA-di　　　＜彼は飲まなかった＞
　　　　飲む-NEG-PAST.3sg

　　　b. コピュラ：
　　　　(elma)_PW-y_PWA-dı　　　＜あれはりんごだった＞
　　　　りんご-COP-PAST.3sg

　ここで，Inkelas and Orgun (2003) に基づいて Kabak and Vogel (2001) の分析

の問題点を述べる。一つ目は，前出の (69) に挙げた，それ自身がアクセントを持つ不規則接辞が後続する場合のピッチパターンについては，説明することができないという点である。それ自身がアクセントを持つ不規則接辞については，Kabak and Vogel (2001) では言及されていない。それらを，PWAとして仮定すると，事実とは異なる予測をしてしまう。

(78)　a. * (YAP)_PW-ıyor
　　　b. * (BAK)_PW-arak
　　　c. * (GEL)_PW-ince

二つ目は，前出の (67) に挙げた接辞とコピュラが，なぜ韻律語形成に関して共通の特徴を持つのかが説明できないという問題である。Kabak and Vogel (2001) の分析がこの二つの問題を持つという指摘は，Inkelas and Orgun (2003) でもなされている。

一方，Inkelas and Orgun (2003) は，不規則接辞とコピュラには，語彙的にアクセントが指定されていると仮定している。

(79)　a. 直前の音節に高いピッチが生じる接辞：
　　　　iç -ˆme　　　　　　＜飲むな＞
　　　　飲む-NEG
　　　b. それ自身に高いピッチが生じる接辞：
　　　　iç-íyor　　　　　　＜彼は飲んでいる＞
　　　　飲む-PROG.3ag
　　　c. コピュラ：
　　　　elma -ˆy -dı　　　　＜あれはりんごだった＞
　　　　りんご-COP-PAST.3sg

このように仮定することによって，Kabak and Vogel (2001) で問題になった (79b) の，それ自身がアクセントを持つ接辞にも説明が与えられる。
さらに，韻律語形成についても，不規則接辞以外の接辞と同様に，［語幹 +

接辞]が一つの韻律語を成すと考えることができる。本研究では，Inkelas and Orgun (1998, 2003) に従い，不規則接辞とコピュラは，語彙的にアクセントを指定されていると仮定する。そして，トルコ語の韻律語形成規則として，(80) を提案する。

(80) トルコ語における韻律語形成規則：
　　　韻律語：{左；語彙語}
　　　(＝語彙語の左境界と韻律語の左境界をそろえよ。)

(80) の規則は，接辞がアクセントを持つかどうかにかかわらず，先行する語幹と共に一つの韻律語を形成することを予測する。このことは，一つの韻律語内にアクセントを持つ要素が複数含まれる場合，一つのアクセントだけが実現するという事実にも矛盾しない。

前出の (72) で示したように，アクセントを持つ語幹に，アクセントを持つ接辞やコピュラが続いた場合，両方のアクセントが実現するのではなく，語幹のアクセントだけが実現する。そこで，以下のアクセント削除規則を仮定する[23]。

(81) アクセント削除規則：
　　　韻律語内で，初頭のアクセント以外を削除せよ。

このアクセント削除規則は，韻律語形成規則が適用された後に適用される。以下に派生を示す。

---

[23] Inkelas and Orgun (2003) は，最適性理論の枠組みで Innermost Wins, Leftmost Wins という制約によって説明する。Innermost Wins は，形態構造においてもっとも内側のアクセントのみが残ることを説明する。Leftmost Wins は，最も左のアクセントのみが残ることを説明する。

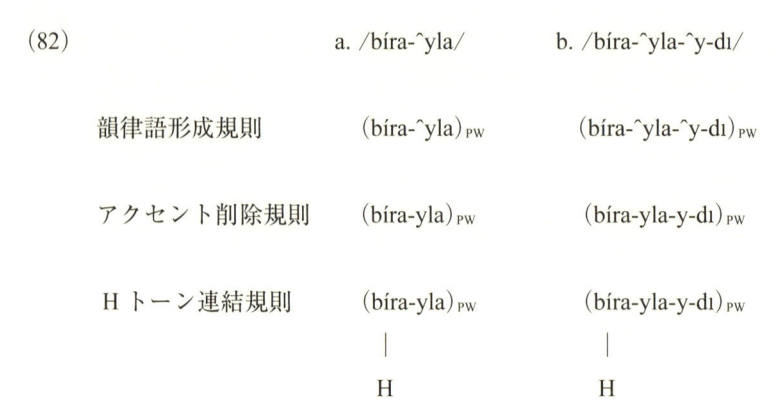

(82)　　　　　　　　　a. /bíra-ˆyla/　　　b. /bíra-ˆyla-ˆy-dı/

韻律語形成規則　　　(bíra-ˆyla)$_{PW}$　　(bíra-ˆyla-ˆy-dı)$_{PW}$

アクセント削除規則　(bíra-yla)$_{PW}$　　(bíra-yla-y-dı)$_{PW}$

Hトーン連結規則　　(bíra-yla)$_{PW}$　　(bíra-yla-y-dı)$_{PW}$
　　　　　　　　　　　　|　　　　　　　　　　|
　　　　　　　　　　　　H　　　　　　　　　　H

3.3.2. 複合語のピッチパターン

この 3.3.2 節では，複合語のピッチパターンを観察する。前出の (80) の韻律語形成規則は，語彙語 (X^0) という統語範疇に言及するものであり，それよりも小さな単位や大きな単位には言及しない。従って，一つの語が複数の韻律語に分かれることや，複数の語からなる句がそれ全体で一つの韻律語となることは予測しない。

はじめに，複合語を取り上げる。複合語は，複数の要素がレキシコンにおいて結合することで形成され，ポストレキシコンでは一語として振る舞う。複合語に前出の (80) の韻律語形成規則が適用されると，複合語全体が一つの韻律語を形成することを予測する。従って，複合語の最後の音節に高いピッチが生じることが期待されるが，事実はそうではない。複合語の最後の音節ではなく，前部要素の最後の音節に高いピッチが生じる。前部要素と後部要素の両方に高いピッチが生じることもない[24,25]。(83) に例を挙げる。

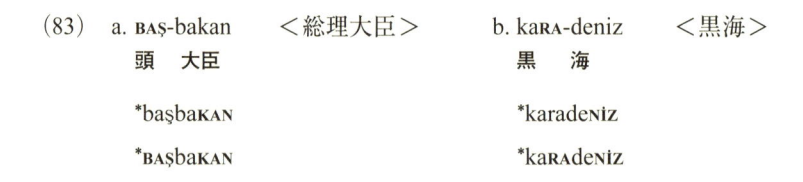

(83)　a. BAŞ-bakan　　＜総理大臣＞　　b. kaRA-deniz　　＜黒海＞
　　　　頭　　大臣　　　　　　　　　　　　黒　　海
　　　　*başbakaN　　　　　　　　　　　　*karadeniz
　　　　*BAŞbakaN　　　　　　　　　　　　*kaRAdeniz

前部要素の最後の音節に高いピッチが生じるということは，前部要素の右

端に韻律語境界が存在することを示している．つまり，AとBという二つの要素から成る複合語では，(84)のように，AとBそれぞれから一つの韻律語が形成されていると考えられる．

(84)　複合語における韻律語形成
　　　（　A　）PW（　B　）PW

　複合語の後部要素に高いピッチが生じないのは，Hトーンが連結されていないか，あるいは，連結されたHトーンが後に削除されるからだと分析する．Hトーンの連結の制限，あるいは削除は，AとBから成る韻律範疇を領域として起こると仮定する．このとき，下の(85)に挙げる二つの分析の可能性が考えられる．分析1は，韻律語が循環的に形成されているという分析である．分析2は，韻律語よりも大きな韻律範疇が形成されているという分析である．ここでは，暫定的に，その韻律範疇をMinor Phraseと呼ぶ．

(85)　二つの分析案
　　　a. 分析1：((　A　)PW（　B　）PW)PW
　　　b. 分析2：((　A　)PW（　B　）PW)MiP

以下では，二つの分析案の利点と問題点を比較し，(85b)の分析2を取ることを述べる．

---

24) Lees (1961) では，複合語の後部要素のストレス・アクセントは消失するのではなく，弱化し，第2強勢として残ると記述されている．その記述に基づき，Nespor and Vogel (1986) は，トルコ語では複合語を形成するそれぞれの要素が韻律語を成すと分析している．しかし，ピッチを観察すると，後部要素に高いピッチが生じることはない．本研究では，この観察に基づき，議論を進める．

25) 佐藤 (2009)，Sato (2010) では，複合語においてピッチの揺れがあることを指摘している．そこでは，複合語の前部要素に高いピッチが生じず，後部要素の最後の音節に高いピッチが生じる場合があることが観察されている．このような現象は，複合語を強調した発話に多く見られることがその後の調査で分かった．このような現象が，どのような条件で生じるのか，また，どのように派生されるのかという問題は，今後の課題とする．

(85a) の分析 1 のような循環的な韻律語の形成は，Ito and Mester (1992, 2003) によって提案されている。さらに，Kabak and Revithiadou (2009) では，その形成について議論されている。Kabak and Revithiadou (2009) は，複合語における循環的な韻律語は，(86a) のような形態統語構造から派生されると主張する。

(86)　a. $[[\,X^0\,][\,X^0\,]]_{X^0}$
　　　b. $((\,X^0\,)_{PW}(\,X^0\,)_{PW})_{PW}$

複合語が (86a) のような構造を持つと仮定すれば，本研究で仮定する韻律語形成規則によって，韻律語は (86b) のように形成されることが説明できる。
　ここで，H トーンの連結に関する制限を次のように仮定する。

(87)　韻律語内では，初頭の H トーンのみが連結される。

　複合語において，韻律語が循環的に形成されていると分析し，H トーンの連結に関する制限を仮定することで，トルコ語の複合語におけるピッチパターンを説明することができる。この分析の利点は，これまでに提案した韻律語形成規則を保持できるという点にある。
　韻律語が循環的に形成されていると仮定することの問題点は，Strict Layering Hypothesis を弱めてしまうということである。最適性理論では，韻律範疇の循環的な形成を妨げる Nonrecursivity 制約が仮定されるが，前出の (86b) は，この制約の違反となっている。さらに，複合語の現象を説明するためだけに，上の (87) の規則を仮定しなければならないという問題がある。
　Strict Layering Hypothesis を保持し，循環的な韻律語の形成を認めないという立場を取るのが，(85b) の分析 2 である。分析 2 では，複合語内部の要素から韻律語が形成され，複合語全体が韻律語より大きな韻律範疇を形成すると考える。ここでは便宜的に Minor Phrase と呼ぶ。後部要素に高いピッチが生じないのは，後部要素から成る韻律語に連結された H トーンが，後に削除されることによって生じていると分析する。H トーン削除は Minor Phrase を

第 1 章　韻律語の形成　　　63

(88)　Minor Phrase 内で，初頭の H トーン以外の H トーンをすべて削除せよ。

　この分析の利点は，上述したとおり，Strict Layering Hypothesis を弱めることなく保持できるということである。一方，問題点となるのは，複合語からMinor Phrase が形成されるという仮定をする必要があることである。ただし，(88) の規則については，複合語の現象を説明するためだけに仮定されるものではない。疑問詞やフォーカスを含む文におけるピッチパターンも，この(88) の規則を仮定することで説明することができる（第 3 章 3.1 節参照）。

　以上，(85a) の分析 1 と (85b) の分析 2 における利点と問題点を挙げた。いずれの分析案を取った場合にも，これまでに提案されている仮説をそのまま保持することができないという問題点がある。しかし，その問題点を比較すると，(85a) の分析 1 の方がより深刻であることを見た。本研究では，トルコ語の複合語のピッチパターンに関して，(85b) の分析 2 を取り説明する。

3.3.3.　句のピッチパターン

　この 3.3.3 節では，句のピッチパターンを観察する。(89a) は名詞句，(89b, c) は動詞句の例である。(89) では，すべての例において，句を構成するそれぞれの語に高いピッチが生じている。このことは，句全体で一つの韻律語を形成することはなく，それぞれの語が韻律語を成すことを示している。

(89)　a. [NP kırmızı araba]　　　　　　＜赤い車＞
　　　　　赤い　　車

　　　　　(kırmıZI)$_{PW}$　(araBA)$_{PW}$

　　　b. [VP bira iç-ti-m]　　　　　　＜ビールを飲んだ＞
　　　　　ビール.ACC 飲む -PAST-1sg

　　　　　(biRA)$_{PW}$　(içTİM)$_{PW}$

c. [_VP_ kız-ım söyle-di]　　　　　　＜娘が言った＞
　　娘-POSS.1sg 言う-PAST.3sg

(kızım)_PW_　(söyleDİ)_PW_

　以上，句で観察されるピッチパターンは，前出の (80) で仮定した韻律語形成規則によって矛盾なく記述できることを示した。

3.4.　3節のまとめ

　3節で行った議論をまとめる。3.3節では，トルコ語において，語に見られるピッチパターンを観察し，そのピッチパターンを派生する規則を提案した。「Hトーン連結規則」，「韻律語形成規則」，「アクセント削除規則」を仮定した。さらに，複合語におけるピッチパターンを説明するために，韻律語よりも大きな韻律範疇として Minor Phrase を仮定し，それを適用領域とする「Hトーン削除規則」を仮定した。
　以下の規則によって，韻律語形成規則が適用される。規則を以下に再掲する。

(80)　トルコ語における韻律語形成規則：
　　　韻律語：{左；語彙語}
　　　（＝語彙語の左境界と韻律語の左境界をそろえよ。）

一つの韻律語内に，アクセントを持つ複数の要素が存在する場合，アクセント削除規則が適用される。規則を以下に再掲する。

(90)　アクセント削除規則：
　　　韻律語内で，初頭のアクセント以外を削除せよ。

二つの規則が適用された後，Hトーンの連結規則が適用される。規則を以下に再掲する。

(64)　Hトーン連結規則：
　　　　アクセントが指定された音節があれば，Hトーンをそれに連結せよ。
　　　　そうでなければ，韻律語の右境界に隣接する音節に連結せよ。

複合語のピッチパターンは，複合語が一つの Minor Phrase を形成すると仮定し，Hトーンの削除規則を仮定することで説明する。規則を以下に再掲する。

(91)　Minor Phrase 内で，初頭のHトーン以外のHトーンをすべて削除せよ。

これらの規則によって，トルコ語のピッチパターンが派生される。

4．第1章のまとめと考察

　2節と3節では，それぞれ，小林方言における文節のピッチパターン，トルコ語における語のピッチパターンを記述し，それを派生する音韻規則について議論した。この4節では，両言語の異同がどのように説明されるのかを議論する。
　はじめに，小林方言とトルコ語が持つ同一の特徴である，「一型アクセント」の実現について述べる。小林方言では，文節の最後の音節に高いピッチが生じる。トルコ語では，語の最後の音節に高いピッチが生じる。このことは，(i) 小林方言とトルコ語において，韻律語形成規則が同じであること，(ii) 小林方言のHトーン連結規則と，トルコ語の無標のHトーン連結規則が同じであること，この二点によって説明することができる。(92) に韻律語形成規則を，(93) にHトーン連結規則を挙げる。

(92)　小林方言とトルコ語における韻律語形成規則：
　　　　韻律語：{ 左 ; 語彙語 }
　　　　（＝語彙語の左境界と韻律語の左境界をそろえよ。）

(93) Hトーンの連結規則:
   Hトーンを，韻律語の右境界に隣接する音節に連結せよ．

以上の二つの規則を仮定することによって，小林方言とトルコ語における「一型アクセント」の実現を説明することができる．

次に，両言語の相違について述べる．両言語では，下の (94) に挙げる二つの相違点がある．

(94) a.「例外的な」ピッチパターン：
   トルコ語では (92) と (93) の規則では予測されないピッチパターンが生じる．一方，小林方言では，そのようなピッチパターンは生じない．
   b. 複合語におけるピッチパターン：
   トルコ語では，複合語の前部要素に高いピッチが生じる．一方，小林方言では，複合語の後部要素に高いピッチが生じる．

まず，(94a) を説明する．トルコ語では，基底に f 素性を持つ語に適用される「アクセント指定規則」が存在し，「例外的な」ピッチパターンは，その適用によって派生される．また，トルコ語には，語彙的にアクセントを指定されている語や接辞があり，それらの語においても「例外的な」ピッチパターンが生じる．しかし，小林方言には，「アクセント指定規則」や語彙的にアクセントを指定されている語や接辞は存在しないため，「例外的な」ピッチパターンが生じることはない．

続いて，(94b) を説明する．小林方言とトルコ語では，複合語のピッチパターンが異なる．トルコ語では，複合語の前部要素の最後の音節に高いピッチが生じる．小林方言では，複合語の最後の音節に高いピッチが生じる（複合語の後部要素の最後の音節に高いピッチが生じる）．このことを，両言語の複合語において，韻律範疇形成が異なるためであると考える．小林方言では，複合語が一つの韻律語を形成すると述べた．一方トルコ語では，複合語に含まれる要素がそれぞれ一つ韻律語を形成し，さらに，複合語全体が一つの

Minor Phrase を形成すると仮定した。そして，トルコ語では，この Minor Phrase に H トーン削除規則が適用されることによって，複合語のピッチパターンが派生されると説明した。

第2章
疑問詞やフォーカスを含む文のピッチパターン

　本章では，小林方言とトルコ語の疑問詞やフォーカスを含む文において，どのようなピッチパターンが実現するのかを記述する。多くの言語において，文中の疑問詞やフォーカスは音声的に卓立される。どのように卓立されるかは個別言語によって若干異なるが，共通して顕著なピッチの変動が観察される。ここでは，東京方言や福岡方言と比較・対照することを視野に入れ，疑問詞を含む文におけるピッチパターンを中心に取り上げる。疑問詞を複数含む文のピッチパターンの記述も行う。

1．フォーカスについて

　本研究では，Jackendoff (1972)，Selkirk (1984)，Rooth (1992, 1995) に基づき，統語論においてフォーカス素性（以下，[F] で表す）を仮定し，[F] を持つ要素をフォーカスと呼ぶことにする。Jackendoff (1972) は，[F] を統語的なマーカーと呼び，表層構造において，あらゆる節点に連結されうるものであるとしている[1]。[F] は，統語論から音韻論と意味論に送られ，それぞれの部門で解釈される。

1.1. 意味論におけるフォーカスの解釈

　意味論におけるフォーカスの解釈については，Rooth (1992, 1995) の代替意

---

1 ）[A] syntactic marker F which can be associated with any node in the surface structure.
(Jackendoff 1972, p. 240, ll. 18-19)

味論 (alternative semantics) に従う。代替意味論では，[F] は代替集合 (set of alternatives) を生み出す機能があると考えられている。この機能により，[F] を含む文は，文字通りの意味に対応する「通常の意味 (ordinary semantic value)」とは別に，「フォーカスの意味 (focus semantic value)」を持つことになる。例えば，次の (1) のように *Ede* が [F] を持つ場合，(1) の文は，(2b) の「通常の意味」とは別に，(2a) の「フォーカスの意味」を持つことになる。(2a) の「フォーカスの意味」とは，"John wants coffee" "Bill wants coffee" "Ede wants coffee" ... といった命題の集合のことである。

(1) [Ede]$_F$ wants coffee

(2) a. 〚 [Ede]$_F$ wants coffee 〛^{f} = "x wants coffee" という形式の命題の集合
    b. 〚 [Ede]$_F$ wants coffee 〛^{o} = "Ede wants coffee" という命題

Rooth (1992, 1995) では，代替意味論に基づき，質問と答えの関係の適切性を次のように説明する。(3a) は質問文，(3b, c) はその回答となる文である。

(3) a. Who does want coffee?
    b. [Ede]$_F$ wants coffee.
    c. Ede wants [coffee]$_F$.

上の (3a) の質問文に対する回答文として，(3b) は適切であるが (3c) は適切でない。この適切性を説明するために，Rooth (1992) は，質問と回答のペアに課される制約を (4) のように述べている[2]。

---

2) Rooth (1992) では，このような「質問と回答」に限らず，より一般的なフォーカス解釈の原理が提示されている。ここでは議論が複雑になるため，それには言及しない。Rooth (1992, 1995) の提案した代替意味論に基づくフォーカス解釈の概略を述べるに留める。

(4) 質問と回答のペアに課される制約：
In a question-answer pair $\langle \psi, a \rangle$, $[\![\psi]\!]^o \subseteq [\![a]\!]^F$

(Rooth 1992, p. 85, (26d))

質問文の通常の意味は，その回答となる文の「フォーカスの意味」の部分集合でなければならないという制約である。

　Hamblin (1973) は，質問文の「通常の意味」は，真実も誤りも含む可能な回答の集合であると仮定している。すなわち，前出の (3a) の質問文の「通常の意味」は，"John wants coffee" "Bill wants coffee" "Ede wants coffee" ... という可能な回答の集合である。(3b) が (3a) の回答として適切であるのは，質問文の「通常の意味」が (3b) のフォーカスの意味「"x wants coffee" という形式の命題の集合」の部分集合となっているからである。一方，(3c) が (3a) の回答として不適切であるのは，質問文の「通常の意味」が (3c) のフォーカスの意味「"Ede wants x" という形式の命題の集合」の部分集合となっていないからである。

1.2. 音韻論におけるフォーカスの解釈

　フォーカスは，音声的に卓立される。下の (5) に例を示す。ここでは，大文字で最も強いストレスを表す。(5a) の質問文の回答として，*Ede* に最も強いストレスのある (5b) は適切であるが，*coffee* に最も高いストレスのある (5c) は不適切である。

(5) a. Who does want coffee?
　　b. EDE wants coffee.
　　c. Ede wants COFFEE.

この現象は，フォーカスが，意味論だけでなく音韻論においても解釈されていることを示している。

　フォーカスの音声的な実現を導くメカニズムの解明を目指し，これまでにいくつかの分析が提案されている。また，一方で，フォーカスの音声的な実

現は，個別言語ごとに若干異なることが報告されている。本章では，小林方言とトルコ語の疑問文や，それに対する回答のピッチパターンを観察し，両言語における疑問詞やフォーカスの音声的な実現を記述する。主に，疑問詞を含む文を考察の対象とする。次章では，小林方言とトルコ語のデータに基づいて，これまでに提案されている分析の妥当性を議論する。

　観察に移る前に，疑問詞とフォーカスとの違いについて注意すべきことを述べておく。それは，Rooth (1992, 1995) の代替意味論では，疑問詞は [F] を持たず，フォーカスは [F] を持つと考えられている点である。疑問詞を含む文も，フォーカスを含む文も，どちらも代替集合が想定されるという点では共通している。ただし，フォーカスを含む文では，代替集合は，フォーカスが持つ [F] の機能により「フォーカスの意味」として生み出される。それに対して，疑問詞を含む文では，代替集合は，疑問詞自体の特性によって，「通常の意味」として生み出されるのである。

　ただし，少なくとも，小林方言の音韻論においては，疑問詞とフォーカスを区別する必要はないと考えられる。なぜなら，フォーカスを含む文のピッチパターンと疑問詞を含む文のピッチパターンに相違が見られないからである。トルコ語においても，基本的には同じである。このことは，次節以降で具体例を用いて示す。本研究では疑問詞を含む文を観察する。この利点は次の二つである。一つ目は，調査の際に文脈設定が比較的簡単にできるという点である。二つ目は，小林方言やトルコ語以外の言語でも，疑問詞を含む文のピッチパターンに関する研究が進められており，比較・対照が行いやすいという点である。以上の理由から，本研究では，疑問詞を含む文のピッチパターンを主な考察対象とする。疑問詞に関する記述（本章），その理論的分析（第 3 章 3.2 節まで）を終えた後，フォーカスを含む文の分析について若干述べる（第 3 章 3.3 節）。

2．小林方言

　この 2 節では，小林方言において，疑問詞を含む文のピッチがどのように

実現するのかを記述する．第1章の2節では，小林方言の文節のピッチパターンを記述し，それがどのように派生されるのかを論じた．派生に関わる規則として，韻律語形成規則を提案し，韻律語は投射ゼロレベル（X^0）の統語範疇を参照することによって形成されることを述べた．ところが，疑問詞を含む文のピッチを観察すると，これまでに記述してきたものとは異なるパターンがあることが分かる．

2.1. 疑問詞を含む文の基本的なピッチパターン

はじめに，疑問詞を含む文と疑問詞を含まない文のピッチパターンを示す．下の（6a）は疑問詞を含まない文であり，（6b）は疑問詞を含む文である．（6a）では，すべての韻律語にピッチの上昇が生じている．一方，（6b）では，疑問詞より後ろには，最後の「ケ」部分の上昇のイントネーションを除いて，ピッチの上昇が生じていない．以後，文末に生じるイントネーションは，本研究の分析対象としない．例文中の疑問詞を四角で囲む．

(6) a. ナオヤ-ガ　　ビール　　　　ノン-ダ　　ド
　　　直也-NOM　　ビール.ACC　　飲む-PAST　ど
　　　＜直也がビール飲んだよ＞

　　b. ダィ-ガ　　ビール　　　　ノン-ダ　　ト　　ケ
　　　誰-NOM　　ビール.ACC　　飲む-PAST　NZR　Q
　　　＜誰がビール飲んだの？＞

以下に，（6a）と（6b）のピッチ曲線を示す．これ以後，ピッチ曲線の下には，文節ごとに慣用的なローマ字表記を施す．

(6a):

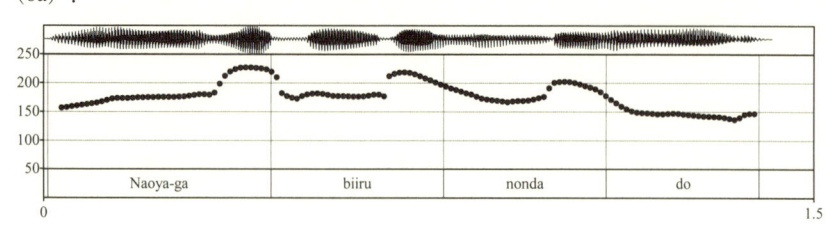

```
       Naoya-ga    biiru    nonda    do
```

図1

(6b):

```
       daiga    biiru    nonda    toke
```

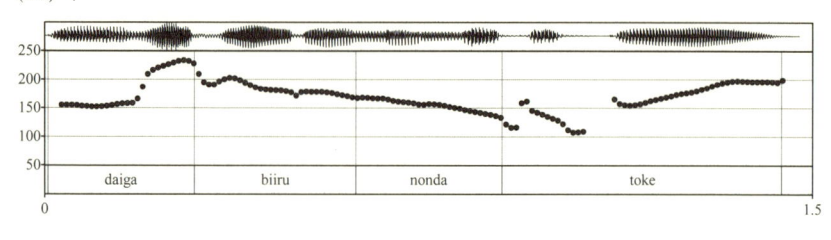

図2

　次に，フォーカスを含む文のピッチパターンを示す。下の (7) は，(6b) の質問に対する回答である。(7) では，「ナオヤガ」はフォーカスである。フォーカスも四角で囲む。(7) では，(6b) と同じピッチパターンが実現する。フォーカスである「ナオヤガ」より後ろには，最後の「ヨ」部分の上昇のイントネーションを除いて，ピッチの上昇が生じない。

(7)　ナオヤ-ガ　　ビール　　　　ノン-ダ-ッ　　ジャイヨ
　　　直也-NOM　ビール.ACC　飲む-PAST-NZR　COP　よ
　　　＜直也がビール飲んだんだよ＞

　さらに，(7) を訂正する文脈で発話された文のピッチパターンを示す。(7)「直也がビール飲んだんだよ」という相手に対して (8)「そうじゃないよ。守がビール飲んだんだよ」というやり取りを想定している。この場合，「マモィガ」がフォーカスである[3]。(8) でも，前出の (6b) と同じピッチパターンが

実現する．フォーカスである「マモィガ」より後ろには，最後の「ヨ」部分の上昇のイントネーションを除いて，ピッチの上昇が生じない．

(8) （ジャネヨ）　　　マモィ-ガ　　ビール　　　　　ノン-ダ-ッ　　　ジャイヨ
　　そうじゃないよ　　守-NOM　　ビール.ACC　　飲む-PAST-NZR　　COP　　よ

　　＜（そうじゃないよ）守がビール飲んだんだよ＞

以下に，(7)と(8)のピッチ曲線を示す．

(7)：

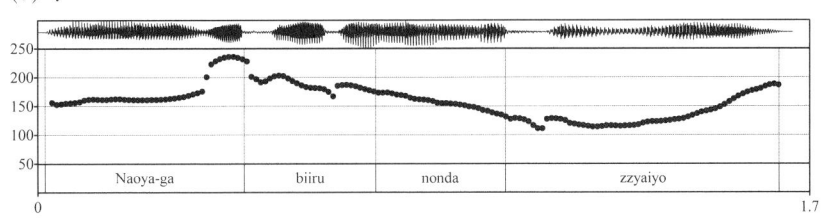

図3

3）フォーカスである「マモィガ」が[F]を持っており，[F]の機能によって，「通常の意味」（「守がビールを飲んだ」という命題）に加え，「フォーカスの意味」（「xがビールを飲んだ」という形式の命題の集合）が生み出される．Rooth (1992) は，対比に課される制約を次のように述べている．

対比の句に課される制約
　　If α is construed as in contrast with a phrase β, then $[\![\beta]\!]^o \ \varepsilon \ [\![\alpha]\!]^f$
　　　　　　　　　　　　　　　　　　　　　　　　　　(Rooth 1992, p. 85, (26b))

α が β に対比して解釈されるならば，β の「通常の意味」は α の「フォーカスの意味」の要素でなければならないという制約である．

(8) :

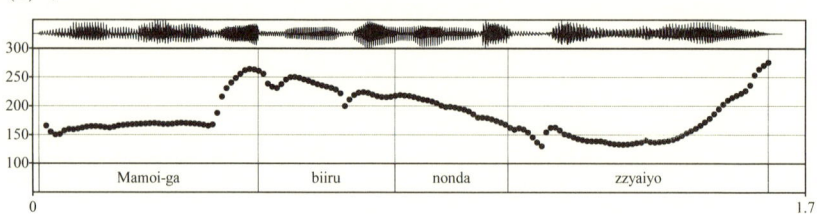

図4

　これまで，疑問詞疑問文 (6b)，その疑問文への回答文 (7)，対比の要素を含む文 (8) の三つでは，疑問詞，あるいはフォーカスより後ろにはピッチの上昇は生じない，というピッチパターンが実現することを見た。この事実は，小林方言の音韻論では，疑問詞は，フォーカスを持つ要素と同様の振る舞いをすることを示している。ここでは，疑問詞とフォーカスについて，(9) を仮定する。

(9) a. 同じ振る舞いをするのは疑問詞とフォーカスの二者だけである。
　　 b. 疑問詞とフォーカスは全く同じ振る舞いをする。

　これらの仮定に基づき，疑問詞を含む文を見ることで，フォーカスの音声的な実現が観察できると考える。以下では，引き続き，疑問詞を含む文のピッチパターンを見ていく。
　下に，疑問詞が文頭以外にある文のピッチパターンを示す。(10) では，目的語が疑問詞「ナユ[4]＜何を＞」となっている。疑問詞には高いピッチが生じ，疑問詞の後ろにある「ノンダ」にはピッチの上昇が生じていない。このことは，これまでに見てきた例と同様である。この例から，疑問詞より前には高いピッチが生じることが分かる。(10) では，「ナオヤワ」にピッチの上昇が生じている。

---

　4)「ナユ」は，疑問詞「ナイ」＜何＞に，対格助詞「オ」が後続したものである。

第 2 章　疑問詞やフォーカスを含む文のピッチパターン　　77

(10)　ナオヤ-ワ　 ナユ 　ノン-ダ　　ト　　ケ
　　　直也-TOP　　何を　　飲む-PAST　NZR　Q
　　　＜直也は何を飲んだの？＞

以下に (10) のピッチ曲線を示す。

(10) :

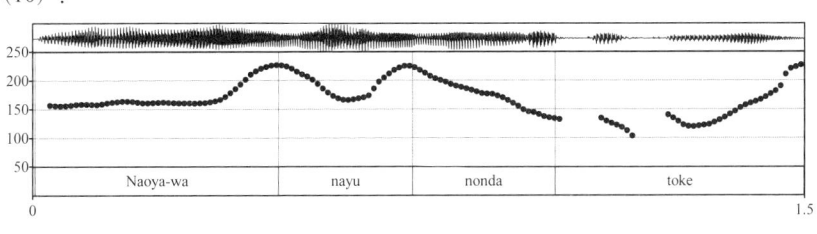

Naoya-wa　　nayu　　nonda　　toke

図 5

　さらに，前出の (6b) と疑問詞の位置が異なる文のピッチパターンを示す。下の (11a) では，目的語「ビール」が文頭にあり，それに疑問詞「ダィガ＜誰が＞」が続く。(11b) では，目的語である疑問詞「ナユ＜何を＞」が文頭にあり，それに主語「ナオヤワ」が続く。それぞれ，(11a) と上の (10) を比較し，(11b) と前出の (6b) とを比較する。疑問詞の位置が異なる場合も，高いピッチが生じるかどうかという点では同様のパターンが観察される。

(11)　a.　ビール　　 ディ-ガ 　ノン-ダ　　ト　　ケ
　　　　　ビール.ACC　誰-NOM　　飲む-PAST　NZR　Q
　　　　　＜ビール誰が飲んだの？＞

　　　b. ナユ 　　ナオヤ-ワ　ノン-ダ　　ト　　ケ
　　　　　何.ACC　　直也-TOP　　飲む-PAST　NZR　Q
　　　　　＜何を直也は飲んだの？＞

以下に，(11a) と (11b) のピッチ曲線を示す。

(11a):

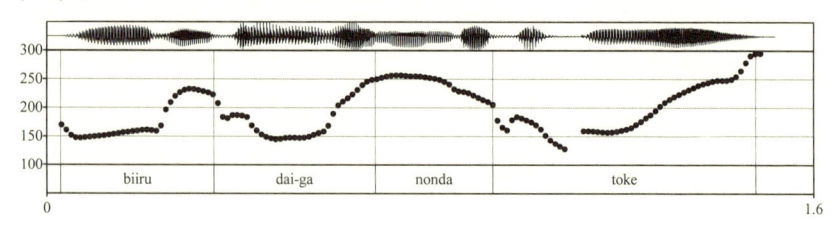

図6

(11b):

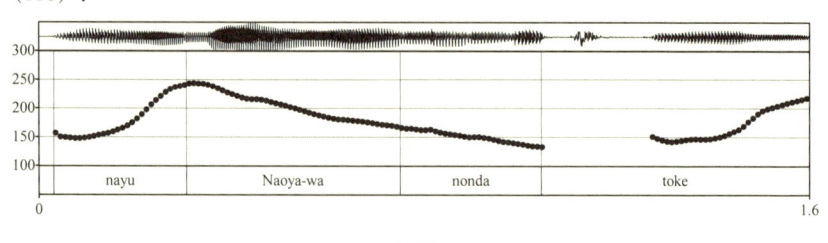

図7

　これまでの観察に基づき，疑問詞を含む文におけるピッチパターンを(12)のようにまとめる。疑問詞の位置が異なる文も例外とはならない。

(12)　a. 疑問詞まで(疑問詞を含む)，それぞれの韻律語にピッチの上昇が生じる。
　　　b. 疑問詞より後ろには，ピッチの上昇は生じず，ピッチのなだらかな下降が生じる。

下の(13)に，これを簡単に図示する。

(13)　WH

　小林方言では，(12b)の現象が，疑問詞を含む文のピッチパターンを特徴付けていると考えることができる。

2.2. ピッチパターンの実現と疑問のスコープ

この 2.2 節では，疑問詞を含む文のピッチパターンを特徴付ける（12b）がどこまで続くかは，直接疑問文と間接疑問文で異なる，すなわち疑問のスコープによって異なることを示す。このような現象は，小林方言に限って見られるものではない。東京方言や福岡方言においても，同様の現象が指摘されている（東京方言: Ishihara 2003, 2007，福岡方言: 早田 1985，久保 1989, 1992, 2001, Kubo 2005）。はじめに，東京方言の例を示す。

2.2.1. 東京方言で見られる現象

東京方言では，疑問詞を含む文を特徴付けるのは，「疑問詞のピッチが高くなり，疑問詞より後ろではピッチのピークが減衰する」という二つの現象である。ここでは，後者の現象に注目する。下の（14）に例を挙げる。疑問詞「ナニ」より後ろの「ノミヤデ」と「ノンダノ」のピッチのピークが減衰している[5]。

(14)　[CP ナオヤガ ナニオ ノミヤデ ノンダノ]
　　　＜直也が何を飲み屋で飲んだの？＞

(Ishihara 2003, p. 49, (28b))

Ishihara（2003）は，ピッチのピークが減衰する範囲が直接疑問文と間接疑問文において異なることに注目した。(15a) が直接疑問文，(15b) が間接疑問文である。ここでは，ピッチのピークが減衰する部分を下線で表す。

---

[5] 文末の疑問の上昇イントネーションはここでの研究対象ではないため，言及しない。Ishihara (2003) も同じく，この現象を研究対象としていない。

(15)　a. 直接疑問文

[CP ナオヤワ [CP マリガ ナニオ ノミヤデノンダト] イマデモ オモッテルノ]

＜直也は真理が何を飲み屋で飲んだと今でも思ってるの＞

(Ishihara 2003, p. 53, (29b))

　　　b. 間接疑問文

[CP ナオヤワ [CP マリガ ナニオ ノミヤデノンダカ] イマデモ オボエテル]

＜直也は真理が何を飲み屋で飲んだか今でも覚えてる＞

(Ishihara 2003, p. 55, (30b))

　直接疑問文では，疑問のスコープは文全体である。このとき，ピッチのピークの減衰が生じるのは文末までとなる。上の（15a）がそれを示している。一方，間接疑問文では，疑問のスコープは埋め込み節である。このとき，ピッチのピークの減衰が生じるのは埋め込み節末までとなるのである。上の（15b）がそれを示している。

　以下，2.2.2 節では，小林方言における複文のピッチパターンを観察し，2.2.3 節では，疑問詞を複数含む文のピッチパターンを観察し，ピッチパターンと疑問のスコープとの関係を見る。

2.2.2.　複文のピッチパターン

　はじめに疑問詞が主節にある文，次に疑問詞が埋め込み節にある文を見る。疑問詞が埋め込み節にある文では，直接疑問文と間接疑問文におけるピッチパターンが異なることを示す。

　まず，疑問詞が主節にある文のピッチパターンを示す。下の（16）では，主節に疑問詞「ダィガ＜誰が＞」がある。（16a）と（16b）では共に，疑問詞まで，それぞれの韻律語にピッチの上昇が生じ，疑問詞より後ろにはピッチの上昇が生じない。この結果は前出の（12）の通りである。

第2章　疑問詞やフォーカスを含む文のピッチパターン　　　　81

(16)　a. [CP ダィ-ガ [CP ナオヤ-ガ ビール ノン-ダ チ] イマデン　オモ-
　　　　　　誰-NOM　直也-NOM　ビール.ACC 飲む-PAST COMP 今でも 思う-

　　　　チョット　ケ]
　　　　PROG NZR　Q

　　　＜誰が直也がビール飲んだって今でも思ってるの？＞

　　b. [CP [CP ナオヤ-ガ ビール ノン-ダ チ]　ダィ-ガ イマデン
　　　　　　　直也-NOM　ビール.ACC 飲む-PAST COMP 誰-NOM 今でも

　　　　オモ-チョット　ケ]
　　　　思う-PROG NZR　Q

　　　＜直也がビール飲んだって誰が今でも思ってるの？＞

以下に，(16a) と (16b) のピッチ曲線を示す．

(16a)：

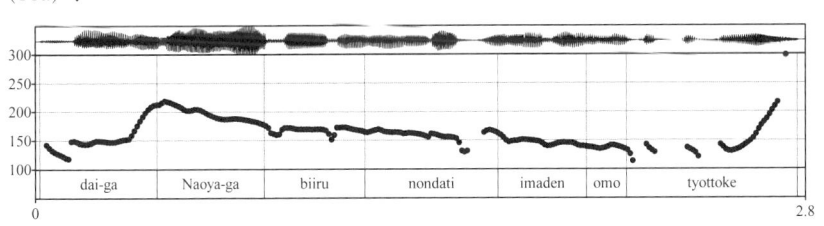

図8

(16b)：

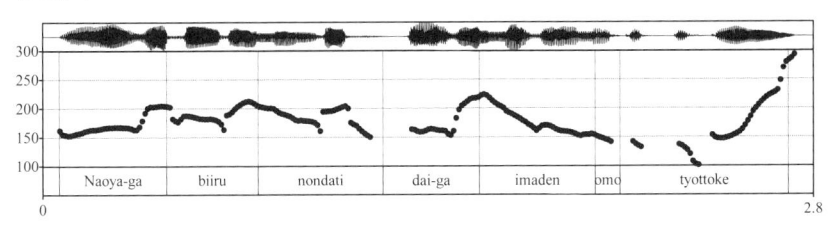

図9

次に，疑問詞が埋め込み節内にある文のピッチパターンを観察する。まず，直接疑問文のピッチパターンを見る。下の (17) は，埋め込み節に疑問詞「ダィガ＜誰が＞」がある直接疑問文である。(17) では，これまでの観察と同様のピッチパターンが観察される。疑問詞まで，それぞれの韻律語にピッチの上昇が生じ，疑問詞より後ろにはピッチの上昇が生じない。

(17)　［ナオミ-ワ　［ダィ-ガ　ビール　　　ノン-ダ　チ］イマデン　オモ-
　　　　直美-TOP　誰-NOM　ビール.ACC　飲む-PAST COMP　今でも　思う-

　　　チョット　ケ］
　　　PROG　NZR　Q

　　　＜直美は誰がビール飲んだって今でも思ってるの？＞

以下に，(17) のピッチ曲線を示す。

(17)：

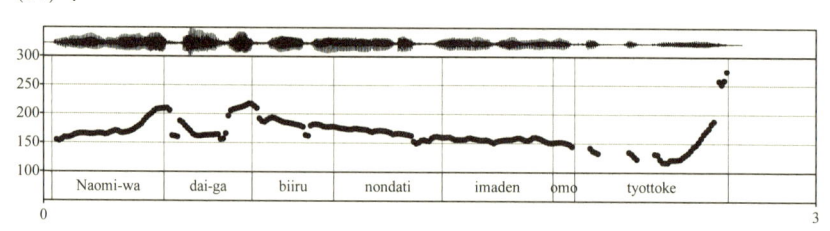

図10

次に，間接疑問文のピッチパターンを見る。下の (18) は，埋め込み節内に疑問詞「ダィガ＜誰が＞」がある間接疑問文である。疑問詞まで，それぞれの韻律語にピッチの上昇が生じる。このことは，これまでの観察と同様である。また，疑問詞より後ろにはピッチの上昇が生じない。ただし，この現象が続くのは，埋め込み節末までである。疑問詞より後ろであっても，埋め込み節の外側にある「イマデン＜今でも＞」「オボェチョットヨ＜覚えてるよ＞」という二つの韻律語にはピッチの上昇が生じる。

第2章 疑問詞やフォーカスを含む文のピッチパターン 83

(18) ［ナオミ-ワ ［ダィ-ガ］ ビール ノン-ダ カ］ イマデン
 直美-TOP 誰-NOM ビール.ACC 飲む-PAST Q 今でも

 オボェ-チョット ヨ］
 覚える-PROG NZR よ

 ＜直美は誰がビール飲んだか今でも覚えてるよ＞

以下に，(18)のピッチ曲線を示す。

(18)：

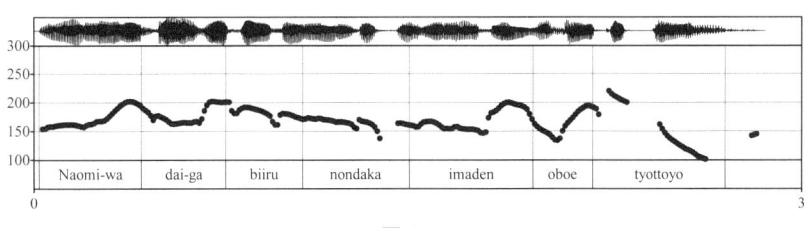

図11

　上の(17)と(18)では，小林方言において，直接疑問文と間接疑問文においてピッチパターンが異なることを示した。疑問詞より後ろにはピッチの上昇が生じないという現象は，直接疑問文では文末まで続くのに対し，間接疑問文では埋め込み節末までとなる。
　最後に，疑問詞が埋め込み節にある選択疑問文のピッチパターンを見る。選択疑問文とは，疑問詞疑問文とは異なり，回答として肯定か否定のどちらかを求める疑問文のことである。(19)には，(18)の間接疑問文と同じピッチパターンが実現する。

(19) ［ナオミ-ワ ［ダィ-ガ］ ビール ノン-ダ カ］ イマデン オボェ-
 直美-TOP 誰-NOM ビール.ACC 飲む-PAST Q 今でも 覚える-

 チョット ケ］
 PROG NZR Q

 ＜直美は誰がビール飲んだか今でも覚えてるの？＞

以下に，(19) のピッチ曲線を示す。

(19):

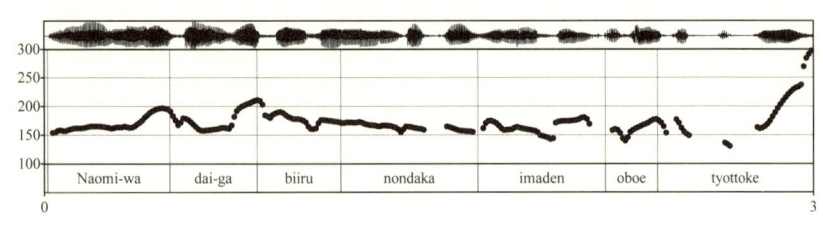

[図: ピッチ曲線 Naomi-wa dai-ga biiru nondaka imaden oboe tyottoke]

図 12

(17)，(18)，(19) では，疑問詞より後ろにピッチの上昇が生じないという現象がどこまで続くのか，ということを問題にした。疑問のスコープが文全体となる直接疑問文 (17) では文末まで続き，疑問のスコープが埋め込み節となる間接疑問文 (18) と (19) では，埋め込み節末まで続くことを示した。三つの例を図示する。ピッチの上昇が生じない部分を下線で表す。

(20)　a. [CP ... [CP WH 　　] 　　 C]　(17)

　　　b. [CP ... [CP WH 　 C] 　　　　]　(18)，(19)

全体のピッチは下の (21) のようになる。

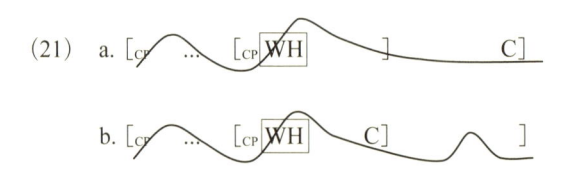

(21)　a. [CP ... [CP WH 　　] 　　 C]

　　　b. [CP ... [CP WH 　 C] 　　　　]

小林方言においても，東京方言と同様に，ピッチパターンの実現と疑問のスコープに関連があることを示した。

2.2.3. 疑問詞を複数含む文のピッチパターン

2.2.3 節では，疑問詞を複数含む文のピッチパターンを観察する。疑問詞が三つ以上ある場合でも，三つ目以降の疑問詞は，疑問詞が二つある場合の二つ目の疑問詞と同じ振る舞いをすると考えられるため，ここでは，疑問詞を二つ含む文で代表させる。はじめに，二つの疑問詞が同一節内にある文を，次に，二つの疑問詞が異なる節にある文を取り上げる。例示するのは，次の (22) のような文である。

(22) 　a. 二つの疑問詞が同一節内にある文
　　　　　[WH ... WH ...]
　　　b. 二つの疑問詞が異なる節にある文
　　　　　[WH [... WH ...] ...]
　　　　　[[WH ...] ... WH ...]

まず，二つの疑問詞が同一節内にある文を見る。下の (23) では，同一節内に「ダィガ＜誰が＞」と「ナユ＜何を＞」がある。このとき，どちらの疑問詞にもピッチの上昇が生じる。そして，一つ目の疑問詞の後ろにある「ノミヤデ」「ナオヤト」と，二つ目の疑問詞の後ろにある「ノンダトケ」にはピッチの上昇が生じない。

(23) 　|ダィ-ガ|　ノミヤ-デ　ナオヤ-ト　|ナユ|　ノン-ダ　ト　ケ
　　　誰-NOM　飲み屋-LOC　直也-with　何.ACC　飲む-PAST　NZR　Q
　　　＜誰が飲み屋で直也と何飲んだの？＞

以下に，(23) のピッチ曲線を示す。

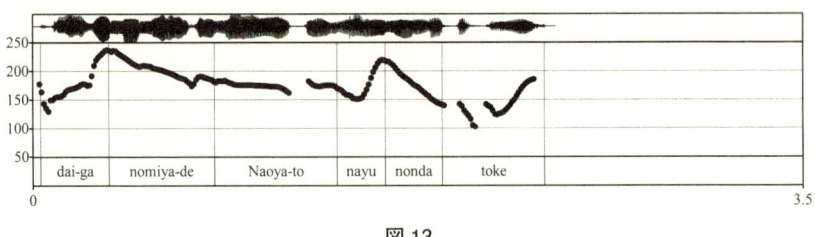

```
250
200
150
100
 50
     dai-ga  nomiya-de  Naoya-to  nayu  nonda  toke
   0                                              3.5
```

図 13

次に，二つの疑問詞が異なる節にある文を見る。(24) に対応する小林方言の文のピッチパターンを観察する。

(24) a. [CP WH1 [CP ... WH2 ... C2] ... C1]
   b. [CP 誰が [CP 直也が 飲み屋で 何を 飲んだか] 覚えてるの]

下の (25) では，主節に「ディガ＜誰が＞」，埋め込み節に「ナユ＜何を＞」がある。このとき，主節にある疑問詞にはピッチの上昇が生じるが，埋め込み節にある疑問詞にはピッチの上昇が生じない。主節にある疑問詞より後ろには，文末までピッチの上昇が生じない。

(25)　[ディ-ガ]　[ナオヤ-ガ　ノミヤ-デ　ナユ　　ノン-ダカ]　オボエ-
　　　　誰-NOM　　直也-NOM　飲み屋-LOC　何.ACC　飲む-PAST Q　覚える-

　　　チョッ　ト　ケ]
　　　PROG　NZR Q

　　　＜誰が直也が飲み屋で何を飲んだか覚えてるの？＞

以下に，(25) のピッチ曲線を示す。

第2章　疑問詞やフォーカスを含む文のピッチパターン　　　　87

(25):

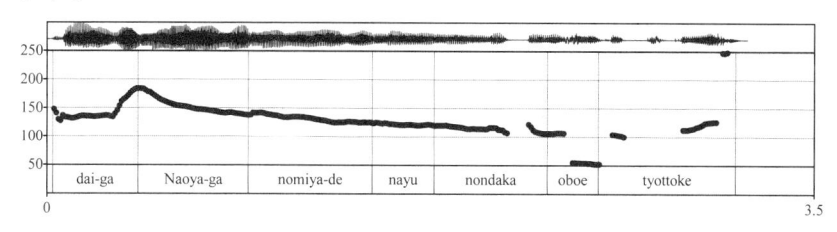

```
250
200
150
100
 50
     dai-ga  Naoya-ga  nomiya-de  nayu  nondaka  oboe  tyottoke
   0                                                         3.5
```

図14

　引き続き，二つの疑問詞が異なる節にある文を見る。今度は，埋め込み節が文頭にある文である。(26) に対応する小林方言の文のピッチパターンを観察する。

(26)　a. [CP [CP WH1 　... 　C1] ... WH2 　... 　C2]
　　　b. [CP [CP 誰が　ビールを　飲んだか] 真由美は 家で 誰に　話したの]

　下の (27) では，埋め込み節に「ダィガ＜誰が＞」があり，主節に「ダィニ＜誰に＞」がある。このとき，埋め込み節にある疑問詞と主節にある疑問詞の両方にピッチの上昇が生じる。そして，埋め込み節にある「ダィガ」より後ろには，埋め込み節末まで高いピッチが生じない。「ダィガ」より後ろであっても，埋め込み節の外にある「マユミワ」「イエデ」にはピッチの上昇が生じる。主節の疑問詞「ダィニ」にピッチの上昇が生じ，それより後ろには，文末まで高いピッチが生じない。

(27)　[[ダィ-ガ 　ビール 　ノン-ダカ] 　マユミ-ワ 　イエ-デ 　ダィ-ニ
　　　誰-NOM 　ビール.ACC 飲む-PAST Q 　真由美-TOP 　家-LOC 　誰-DAT

　　　カタッ-タ 　ト 　ケ]
　　　話す-PAST 　NZR 　Q

　　　＜誰がビール飲んだか真由美は家で誰に話したの？＞

　以下に (27) のピッチ曲線を示す。

(27):

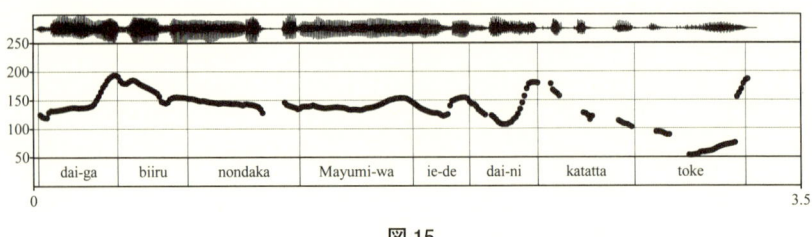

[図 15: ピッチパターングラフ。横軸0〜3.5秒、縦軸50〜250。ラベル: dai-ga, biiru, nondaka, Mayumi-wa, ie-de, dai-ni, katatta, toke]

図 15

　ここまでの例を図示する。下の (28) は，二つの疑問詞が同一節内にある文のピッチパターンである。WH1 と WH2 にピッチの上昇が生じる。WH1 より後ろであっても，WH2 にはピッチの上昇が生じることを示している。

(28)　[_CP WH1　　　WH2　　C1,2]　　(23)

全体のピッチは下の (29) のようになる。

(29)　[_CP WH1　　WH2　　C1,2]

　下の (30) は，二つの疑問詞がそれぞれ主節と埋め込み節にある文のピッチパターンである。主節の WH1 にのみ高いピッチが生じる。疑問詞であっても，埋め込み節にある WH2 にはピッチの上昇が生じないことを示している。

(30)　[_CP WH1　　[_CP WH2　C2]　C1]　　(25)

全体のピッチは下の (31) のようになる。

(31)　[_CP WH1　　[_CP WH2　C2]　C1]

第2章 疑問詞やフォーカスを含む文のピッチパターン

下の (32) は，二つの疑問詞がそれぞれ主節と埋め込み節にあり，埋め込み節が文頭にある文のピッチパターンである。埋め込み節のWH1と主節のWH2にピッチの上昇が生じる。埋め込み節にある疑問詞でも，それが主節の疑問詞に先行する場合，ピッチの上昇が生じることを示している。また，C1の後ろ，かつWH2の前ではピッチの上昇が生じる。

(32) 　[$_{CP}$ [$_{CP}$ WH1 　C1] 　… 　WH2 　C2] 　(27)

全体のピッチは，下のようになる。

(33) 　[$_{CP}$ [$_{CP}$ WH1 　C1] 　　 　WH2 　C2]

2.3. 2節のまとめ

これまで，小林方言において，疑問詞を含む文のピッチパターンがどのように実現するのかを観察した。はじめに，疑問詞を一つ含む文を観察し，現象を次のようにまとめた。以下に繰り返す。

(12) 　a. 疑問詞まで (疑問詞を含む)，それぞれの韻律語にピッチの上昇が生じる。
　　　b. 疑問詞より後ろには，ピッチの上昇は生じず，ピッチのなだらかな下降が生じる。

次に，複文のピッチパターンを観察し，特に，ピッチの上昇が生じないという現象がどこまで続くのかを観察した。そして，それが疑問のスコープと関連があることを示した。疑問のスコープが文全体である直接疑問文では，ピッチの上昇が生じないという現象は文末まで続く。一方，疑問のスコープが埋め込み節である間接疑問文では，埋め込み節末まで続く。(34) に図示する。

(34) a. 直接疑問文

　　　[_CP ... [_CP WH　　　] 　　C]　　(17)

　　b. 間接疑問文

　　　[_CP ... [_CP WH　　C] 　　　]　　(18), (19)

　最後に，疑問詞を二つ含む文のピッチパターンを観察し，二つの疑問詞が同一節内にある文と，異なる節にある文に違いがあることを示した。二つの疑問詞が同一節内にある文では，どちらの疑問詞にもピッチの上昇が生じる。一方，二つの疑問詞が異なる節にある文では，主節の疑問詞が埋め込み節の疑問詞に先行する場合，埋め込み節にある疑問詞にはピッチの上昇が生じない。埋め込み節の疑問詞が主節の疑問詞に先行する場合，どちらの疑問詞にもピッチの上昇が生じる。

(35) a. 二つの疑問詞が同一節内にある文

　　　[_CP WH1　　WH2　　　　C1,2]　　(23)

　　b. 二つの疑問詞が異なる節にある文

　　　(i) [_CP WH1　[_CP　WH2　C2]　C1]　(25)

　　　(ii) [_CP [_CP WH1　C1] ... WH2　　C2]　(27)

　以上が，小林方言における疑問詞を含む文のピッチパターンのまとめである。

3．トルコ語

　この3節では，トルコ語における疑問詞を含む文のピッチパターンを記述する。これまでの研究には，Göksel, Kelepir and Üntak-Tarhan (2009)，佐藤

(2009) などがある[6]。Göksel et al. (2009) では,「返答を要求する文」において,発話初頭から疑問詞の直前まで平らなピッチが続くという現象が考察されている。佐藤 (2009) では,疑問詞疑問文において,疑問詞より後ろにピッチの上昇が生じず,ピッチのなだらかな下降が生じることに加え,疑問詞より前(疑問詞を含めない)にもピッチの上昇が生じないことが報告されている。以下では,これまでに報告されている現象をより詳しく考察し,記述を行う。3.2 節では,疑問詞より後ろのピッチパターンについて,新たに観察された現象を指摘する。

3.1. 疑問詞を含む文の基本的なピッチパターン

はじめに,疑問詞を含む文と疑問詞を含まない文のピッチパターンを示す。下の (36a) は疑問詞を含まない文であり,(36b) は疑問詞を含む文である。(36a) では,動詞を除き,すべての韻律語にピッチの上昇が生じている。一方,(36b) では,疑問詞 *kim* ＜誰が＞より後ろには,文末のイントネーションを除いて,ピッチの上昇が生じていない。例文中の疑問詞を四角で囲む。

(36) a. ANne-m   habeR-i   baba-M-A   söyle-miş.
       母-POSS.1sg.NOM ニュース-ACC 父-POSS.1sg-DAT 話す-PF.3sg

   ＜母がそのニュースを父に話した＞

   b. KİM   haber-i   baba-m-a   söyle-miş?
      誰.NOM ニュース-ACC 父-POSS.1sg-DAT 話す-PF.3sg

   ＜誰がそのニュースを父に話したの？＞

---

6) これら二つの研究に加えて,Kawaguchi, Yılmaz and Yılmaz (2006) の研究もある。Kawaguchi et al. (2006) は,主に,疑問文の文末イントネーションの分析を行っている。疑問文が様々な語用論的意味を持ちうるのは,文末のイントネーションが,三つの基本的な発話行為 (interrogative, assertive, directive) と密接に結びついているからであると主張する。本研究では,文末イントネーションに関しては議論しないため,以下では,Göksel et al. (2009) と佐藤 (2009) の行った研究にのみ言及する。

以下に，(36a) と (36b) のピッチ曲線を示す[7]。

(36a)：

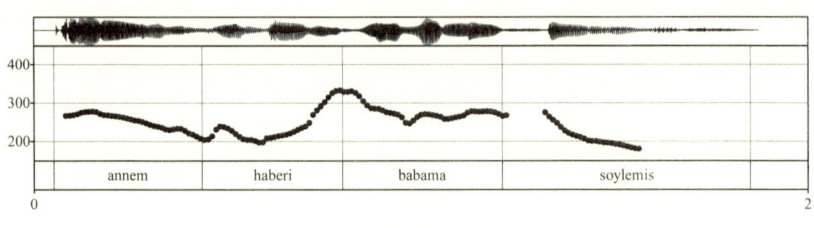

図 16

(36b)：

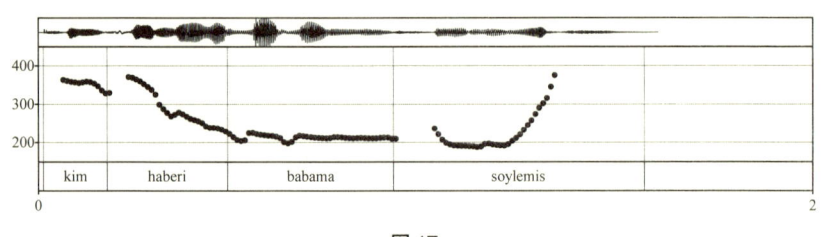

図 17

次に，疑問詞が文頭以外にある文のピッチパターンを示す。下の (37) では，間接目的語が疑問詞 *kim-e* ＜誰に＞となっている。Göksel et al. (2009)，佐藤 (2009) が報告している通り，疑問詞よりも前にある *Anne-m* ＜母は＞と *haber-i* ＜ニュースを＞では平らなピッチが続く[8]。平らなピッチが生じる部分を波線で表す。

(37)　anne-m　　　　haber-i　　　kİM-E　söyle-miş？
　　　母 -POSS.1sg.TOP ニュース -ACC 誰 -DAT 話す -PF.3sg
　　　＜母はそのニュースを誰に話したの？＞

7）トルコ語のピッチ曲線の図にある文では，ı, ö, ş, ğ が，それぞれ i, o, s, g と区別なく表されている。正確な表記は例文を参照されたい。

以下に，(37) のピッチ曲線を示す。

(37):

```
annem  haberi  kime  soylemis
```

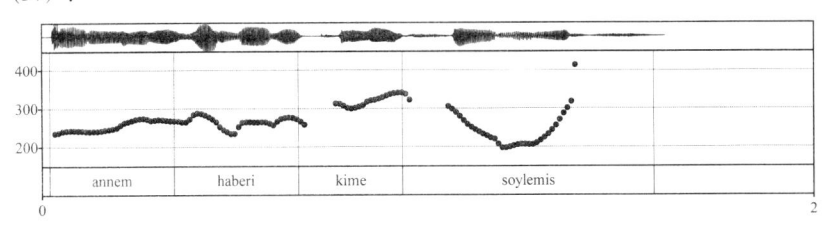

図18

さらに，前出の (36b) と疑問詞の位置が異なる文のピッチパターンを示す。(38) では，間接目的語 *anne-m-e* ＜母に＞と直接目的語 *haber-i* ＜そのニュース＞に疑問詞 *kim* ＜誰が＞が続く。(38) と上の (37) を比較する。疑問詞の位置が変わっている場合も，文頭から平らなピッチが続くという点，また，高いピッチが生じるかどうかという点では同様のパターンが観察される。

---

8) 本研究では，観察対象を疑問詞疑問文に限っているが，Kawaguchi et al. (2006) や Göksel et al. (2009) によれば，平らなピッチは，選択疑問文でも観察される。なお，筆者自身の調査でも同様の結果が得られている。以下の例の波線は筆者が加えたものである。

　a. Yarın akşam sinema-ya　gid-e-LİM　mi?
　　 明日 夕方 映画館-DAT　 行く-OPT-1pl　Q
　　 ＜明日の夕方映画館に行こうか？＞

　　　　　　　　　　　　　　　　　　(Kawaguchi et al. 2006, p. 362 (26))

　b. Ben-im　bilgisayar-ım　　　　SEN mi kullan-dı-n?
　　 私-GEN.1sg パソコン-POSS. 1sg　あなた Q 使う-PAST-2sg
　　 ＜私のパソコンを使ったのはあなたなの？＞

　　　　　　　　　　　　　　　　　　(Kawaguchi et al. 2006, p. 361 (24))

トルコ語の選択疑問文に現れる *-mI* は，選択疑問文のマーカーであると同時に，フォーカスマーカーでもあると考えられている。疑問詞と同様に，*-mI* によってマークされるホストに関しても，それより前に平らなピッチが生じることは，疑問詞とフォーカスの音声的な実現が同じであることを示している。

(38) anne-m-e　　　haber-i　　　KİM　　söyle-miş?
　　　母-POSS.1sg-DAT ニュース-ACC 誰.NOM 話す-PF.3sg

　　　＜母にそのニュースを誰が話したの？＞

以下に，(38) のピッチ曲線を示す。

(38):

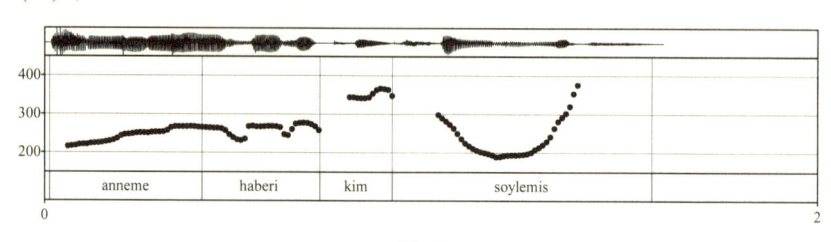

図 19

　ここで，疑問詞よりも前に，アクセントの対立によって区別される二つの語があるとき，その対立が中和されてしまうことも示しておく。下の (39) は，一番目の音節にアクセントが指定されている *mısır* ＜エジプト＞と，アクセントを持たない *mısır* ＜とうもろこし＞が疑問詞の前にある文である。どちらにも平らなピッチが生じており，同様のピッチとなっている[9]。

(39)　mısır　　ile　　mısır-ın　　　　ara-sı-nda　　　ne　ilişki　var?
　　　エジプト と　とうもろこし-GEN 間-POSS.3sg-LOC 何 関係 ある

　　　＜エジプトととうもろこしの間に何の関係があるの？＞

---

9) トルコ語母語話者三人に対し，(39) の音声を聞いてもらい，「エジプト」と「とうもろこし」の区別が可能であるかどうかを簡単に調査した。三人中二人は区別不可能であった。一人は，正しく答えてはいるが，何に基づいて判断しているかは明らかではない。トルコ語では，ピッチだけによって区別される語が非常に少ないため，この問題については，これ以上議論しない。
　ここで重要なのは，疑問詞より前では平らなピッチが実現すること，それによって，ピッチの区別が中和されることである。

第2章 疑問詞やフォーカスを含む文のピッチパターン　　　　　　　　95

以下に (39) のピッチ曲線を示す。

(39):

[図: misir ile misirin arasinda ne iliski var のピッチ曲線]

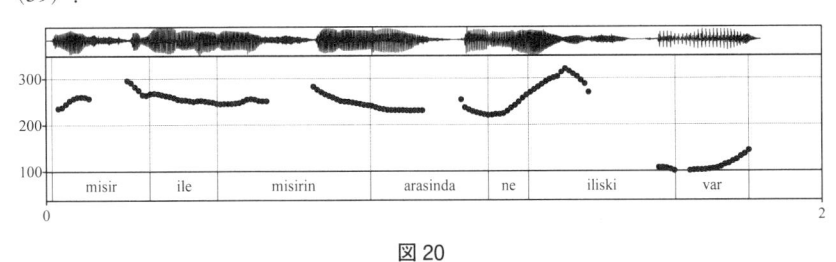

図 20

これまでの観察に基づき，トルコ語における疑問詞を含む文のピッチパターンを次の (40) のようにまとめる。疑問詞の位置が異なる文も例外とはならない。

(40)　a. 疑問詞の直前まで平らなピッチが生じる。
　　　b. 疑問詞にピッチの上昇が生じる。
　　　c. 疑問詞より後ろには，ピッチの上昇は生じず，ピッチのなだらかな下降が生じる。

下の (41) に，これを簡単に図示する。

(41)　　　　＿＿＿WH‾＼＿＿

3.2. ピッチパターンの実現と疑問のスコープ

この 3.2 節では，疑問詞を含む文のピッチパターンを特徴付ける (40c) がどこまで続くかは，直接疑問文と間接疑問文で異なる，すなわち疑問のスコープによって異なることを示す。一方，(40a) がどこから始まるかは，直接疑問文と間接疑問文で異なることはない。すなわち，疑問のスコープによる違いは見られないことを示す。

3.2.1. 複文のピッチパターン

3.2.1 節では，小林方言に関して見た文と類似した文のピッチパターンを観察する。はじめに疑問詞が主節にある文，次に疑問詞が埋め込み節にある文を見る。疑問詞が埋め込み節にある文では，直接疑問文と間接疑問文では，ピッチパターンが異なることを示す。

まず，疑問詞が主節にある文のピッチパターンを示す。下の (42) では，主節に疑問詞 kim ＜誰が＞がある。(42b) は，埋め込み節が文頭にある文である。(42a) と (42b) では，共に，疑問詞にピッチの上昇が生じる。そして，疑問詞より後ろには，文末までピッチの上昇が生じない。(42b) では，平らなピッチが，文頭から疑問詞の直前まで続いている。

(42) a. [CP KİM [CP abla-m-ın　　　 bura-ya　gel-diğ-i-ni]
　　　　　誰.NOM 姉-POSS.1sg-GEN ここ-DAT 来る-VN-POSS.3sg-ACC

　　　baba-m-a　　　　söyle-miş] ?
　　　父-POSS.1sg-DAT　話す-PF.3sg

　　　＜誰が姉がここに来たことを父に話したの？＞

b. [CP [CP abla-m-ın　　　 bura-ya　gel-diğ-i-ni]
　　　　姉.POSS.1sg-GEN ここ-DAT 来る-VN-POSS.3sg-ACC

　　　baba-m-a　　　 KİM　　söyle-miş] ?
　　　父-POSS.1sg-DAT　誰.NOM　話す-PF.3sg

　　　＜姉がここに来たことを父に誰が話したの？＞

以下に，(42a) と (42b) のピッチ曲線を示す。

第 2 章　疑問詞やフォーカスを含む文のピッチパターン　　　　　　　　　97

(42a):

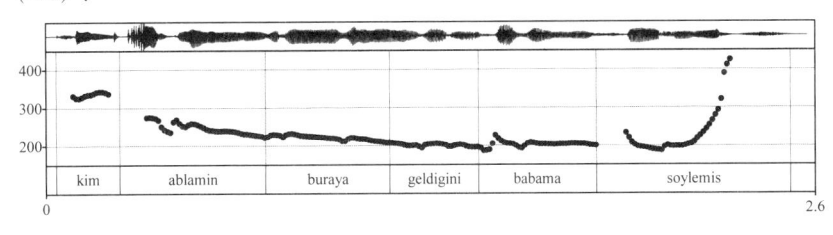

図 21

(42b):

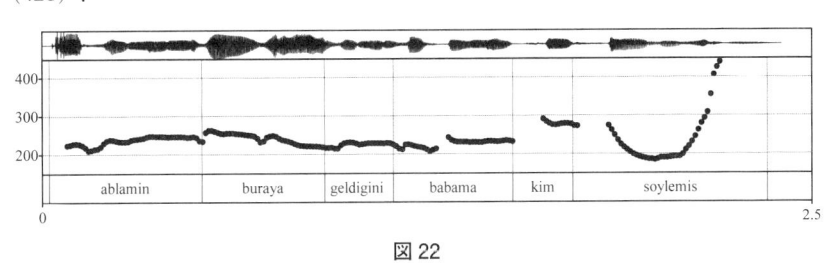

図 22

　トルコ語における疑問詞より前に生じる平らなピッチに関して，Göksel et al. (2009) は，この現象が節境界をまたいで生じることを指摘している。Göksel et al. (2009) の挙げた例は，次の (43a) と (43b) のペアである。違いは，主節の目的語が疑問詞であるかどうかである。(43a) では，主節の目的語が *Ali-yi* ＜アリを＞，(43b) では，*kim-i* ＜誰を＞となっている。

(43)　a. Biz　　　dün　sinema-da film　　seyr-ed-er-ken　　Ayla
　　　　私たち.NOM 昨日　映画館-LOC 映画.ACC 観る-AUX-AOR-ADV アイラ.NOM

　　　Ali-yi　　gör-müş.
　　　アリ.ACC 見る.PF.3sg

　　　＜私たちが昨日映画館で映画を観ているとき，アイラはアリを見かけた＞

b. Biz   dün   sinema-da film   seyr-ed-er-ken   Ayla
　私たち.NOM 昨日 映画館-LOC 映画.ACC 観る-AUX-AOR-ADV アイラ.NOM
　kim-i gör-müş?
　誰.ACC 見る.PF.3sg

　＜私たちが昨日映画館で映画を観ているとき，アイラは誰を見かけたの？＞

(Göksel et al. 2009, p. 253, (4a), (5a) に基づく)

　Göksel et al. (2009) では，それぞれの例のピッチ曲線が示され，(43a) では，*Ali-yi* ＜アリを＞より前にピッチの上昇と下降の繰り返しが生じるのに対し，(43b) では，疑問詞 *kim-i* ＜誰を＞より前に平らなピッチが続くと指摘している。上の (42b) で観察されたピッチパターンは，この指摘に矛盾しない。
　次に，疑問詞が埋め込み節内にある文のピッチパターンを観察する。ここでは，疑問詞よりも後ろのピッチに注目する。Göksel et al. (2009) では，疑問詞が埋め込み節にある文の，疑問詞より後ろのピッチに関しては言及されていない。まず，直接疑問文のピッチパターンを見る。下の (44) は，埋め込み節に疑問詞 *kim-in* ＜誰が＞がある直接疑問文である。(44) は，これまでの観察と同様のピッチパターンが観察される。疑問詞の直前まで平らなピッチが続き，疑問詞ではピッチの上昇が生じる。そして，疑問詞より後ろにはピッチの上昇が生じない。

(44)　[CP anne-m   [CP bura-ya kim-in   gel-diğ-i-ni]
　　　　母-POSS.1sg.TOP ここ-DAT 誰-GEN 来る-VN-POSS.3sg-ACC
　　　baba-m-a   söyle-miş]?
　　　父-POSS.1sg-DAT 話す-PF.3sg

　　＜母はここに誰が来たことを父に話したの？＞

以下に，(44) のピッチ曲線を示す。

(44):

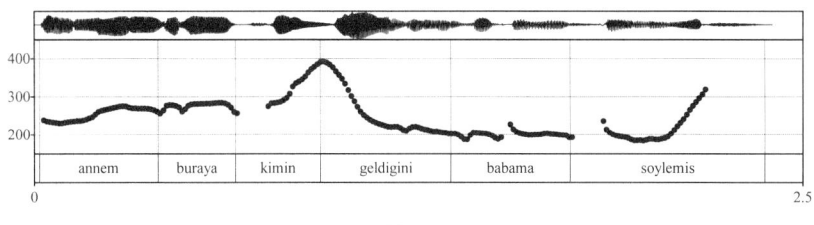

図 23

　次に，間接疑問文のピッチパターンを見る。下の (45) は，埋め込み節内に疑問詞 *kim-in* ＜誰が＞がある間接疑問文である。(45) では，疑問詞の直前まで平らなピッチが続き，疑問詞ではピッチの上昇が生じる。このことは，これまでの観察と同様である。また，疑問詞より後ろにはピッチの上昇が生じない。ただし，この現象が続くのは，埋め込み節末までである。ここでは，埋め込み節の最後の上昇のイントネーションは除く。この現象は分析対象としない。

(45)　[CP anne-m　　　　[CP bura-ya kim-in gel-diğ-i-ni]
　　　母-POSS.1sg.TOP　　ここ-DAT　誰-GEN　来る-VN-POSS.3sg-ACC

　　　baba-m-a　　　　　söyle-miş].
　　　父-POSS.1sg-DAT　話す-PF.3sg

　　　＜母はここに誰が来たかを父に話した＞

　以下に，(45) のピッチ曲線を示す。

(45) :

```
400
300
200
    annem  buraya  kimin  geldigini  babama   soylemis
0                                                    2.5
```

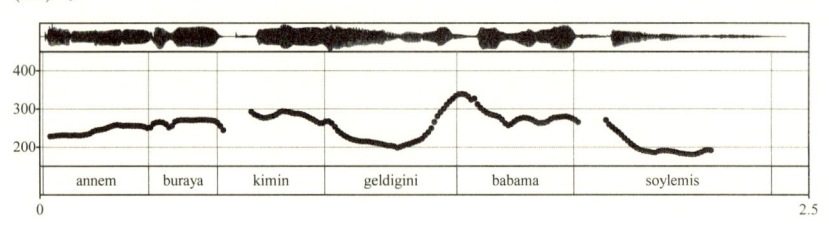

図 24

　上の (44) と (45) では，疑問詞より後ろにはピッチの上昇が生じないという現象がどこまで続くかは，疑問のスコープによって異なることを示した。疑問のスコープが文全体である直接疑問文では文末まで続くのに対し，疑問のスコープが埋め込み節である間接疑問文では埋め込み節末までとなる。一方，疑問詞より前の平らなピッチがどこから始まるかは，直接疑問文と間接疑問文によって違いがないことを示した。どちらの場合も，文頭から疑問詞の直前までに生じる。この，疑問詞より前の平らなピッチについては，Göksel et al. (2009) や佐藤 (2009) で指摘された通りである。本研究では，疑問詞より後ろのピッチパターンを詳細に観察し，新たに，疑問のスコープと関連があることを指摘した。これまでの例をまとめて図示する。

(46) 　a. [CP ... [CP WH　　　　] 　　C] 　　　直接疑問文 (44)

　　　b. [CP ... [CP WH　　C] 　　　　] 　　間接疑問文 (45)

全体のピッチは下の (47) のようになる。

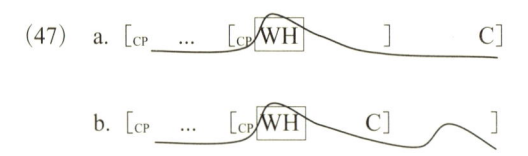

(47) 　a. [CP ... [CP WH　　　　] 　　C]

　　　b. [CP ... [CP WH　　C] 　　　　]

3.2.2. 疑問詞を複数含む文のピッチパターン

この3.2.2節では，疑問詞を複数含む文のピッチパターンを観察する。疑問詞が三つ以上ある場合でも，三つ目以降の疑問詞は，疑問詞が二つある場合の二つ目の疑問詞と同じ振る舞いをすると考えられるため，ここでは，疑問詞を二つ含む文で代表させる。はじめに，二つの疑問詞が同一節内にある文を，次に，二つの疑問詞が異なる節にある文を取り上げる。例示するのは，次の (48) のような文である。

(48)　a. 二つの疑問詞が同一節内にある文
　　　　［ ... WH WH ... ］
　　　b. 二つの疑問詞が異なる節にある文
　　　　［ WH ［ ... WH ... ］ ... ］
　　　　［［ WH ... ］ ... WH ... ］

下の (49) では，二つの疑問詞が同一節内にある文を見る。同一節内に *kim* ＜誰が＞と *kim-e* ＜誰に＞がある。このとき，一つ目の疑問詞 *kim* ＜誰が＞にはピッチの上昇が生じるが，二つ目の疑問詞 *kim-e* ＜誰に＞にはピッチの上昇が生じない[10]。*kim* ＜誰が＞より後ろには高いピッチが生じない。

(49)　haber-i　　 KİM 　 kim-e 　söyle-miş?
　　　ニュース-ACC　誰.NOM　誰-DAT　話す-PF.3sg

　　　＜ニュースを誰が誰に話したの？＞

---

10) トルコ語では，二つ以上の疑問詞が同一節内にある場合，疑問詞同士が隣接するのが普通である。以下の文のように，二つの疑問詞 *kim* ＜誰が＞と *kime* ＜誰に＞が隣接していない文は，ピッチの上昇の有無にかかわらず，非常に不自然であると判断される。

??Kim haber-i kim-e söyle-miş?
誰.NOM ニュース-ACC 誰-DAT 話す-PF.3sg

以下に，(49) のピッチ曲線を示す。

(49):

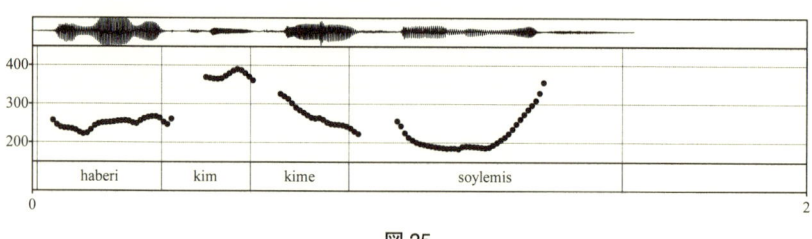

```
400
300
200
     haberi      kim      kime         soylemis
0                                                    2
```
図 25

次に，二つの疑問詞が異なる節にある文を見る。(50) に対応するトルコ語の文のピッチパターンを観察する。

(50) a. [_CP WH1 [_CP ... WH2 ... C2] ... C1]
     b. [_CP [_CP WH2 ... C2] ... WH1 ... C1]

トルコ語の場合，(50a) に対応する文は，(50b) と比べて容認度が低くなるが，非文法的な文ではない。下の (51) は (50a) に対応する文である。(51) では，主節に kim ＜誰が＞，埋め込み節に kim-in ＜誰が＞がある。このとき，主節にある疑問詞にはピッチの上昇が生じるが，埋め込み節にある疑問詞にはピッチの上昇が生じない。主節にある疑問詞より後ろには，文末までピッチの上昇が生じない。

(51) ?[KİM [bura-ya kim-in gel-diğ-i-ni]   anne-m-e
      誰.NOM ここ-DAT 誰-GEN 来る-VN-POSS.3sg-ACC 母-POSS.1sg-DAT

söyle-miş]？
話す-PF.3sg

＜誰がここに誰が来るか母に話したの？＞

下の (52) は，上の (50b) に対応する文である。(52) は，埋め込み節が

第2章　疑問詞やフォーカスを含む文のピッチパターン　　　　　　　　　　103

文頭にある文である。このときも，主節にある疑問詞 *kim* ＜誰が＞にはピッチの上昇が生じる。主節にある疑問詞の直前まで平らなピッチが続き，埋め込み節にある疑問詞 *kim-in* ＜誰が＞にはピッチの上昇が生じない。

(52)　[[kim-in bura-ya gel-diğ-i-ni] 　　anne-m-e　　KİM
　　　　誰-GEN ここ-DAT 来る-VN-POSS.3sg-ACC 母-POSS.1sg-DAT 誰.NOM

　　　söyle-miş]？
　　　話す-PF.3sg

　　　＜誰がここに来るか母に誰が話したの？＞

以下に，(51) と (52) のピッチ曲線を示す。

(51)：

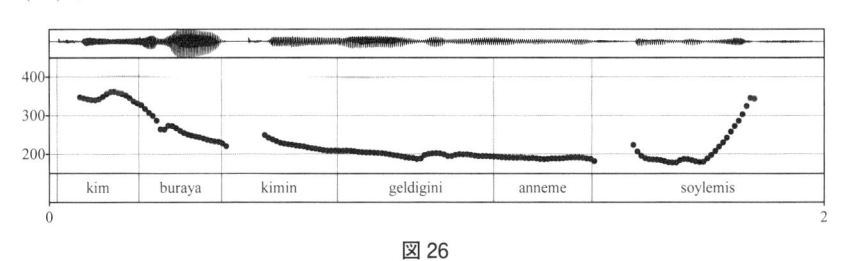

図26

(52)：

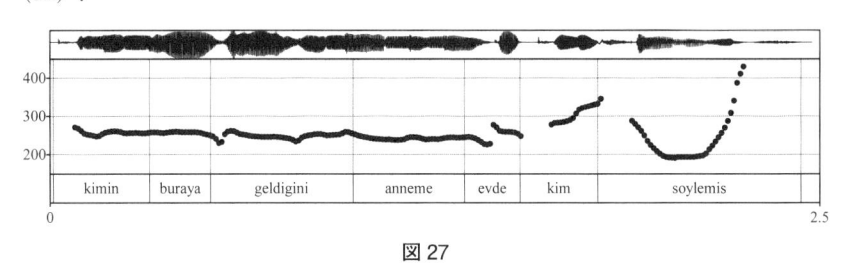

図27

ここまでの例を図示する。以下の (53) は，二つの疑問詞が同一節内にある文のピッチパターンである。WH1 と WH2 は隣接し，WH1 にのみ高いピッ

チが生じることを示している。

(53) [CP———— WH1 WH2 ———— C1,2]　(49)

全体のピッチは下の (54) のようになる。

(54) [CP ——— WH1 WH2 ——— C1,2]

　下の (55) は，二つの疑問詞がそれぞれ主節と埋め込み節にある文のピッチパターンである。主節の WH1 にのみ高いピッチが生じる。疑問詞であっても，埋め込み節にある WH2 にはピッチの上昇が生じないことを示している。

(55) [CP WH1　[CP WH2　C2]　C1]　(51)

全体のピッチは下の (56) のようになる。

(56) [CP WH1　[CP WH2　C2]　C1]

　下の (57) は，二つの疑問詞がそれぞれ主節と埋め込み節にあり，埋め込み節が文頭にある文のピッチパターンである。主節の WH2 にピッチの上昇が生じる。WH2 の直前まで平らなピッチが続き，埋め込み節内の WH2 にピッチの上昇は生じないことを示している。

(57) [CP [CP WH1　C1]　...　WH2　C2]　(52)

全体のピッチは，下の (58) のようになる。

(58) [CP [CP WH1　C1]　...　WH2　C2]

第 2 章　疑問詞やフォーカスを含む文のピッチパターン　　　*105*

3.3.　3 節のまとめ

3 節では，トルコ語において，疑問詞を含む文のピッチパターンがどのように実現するのかを観察した。はじめに，疑問詞を一つ含む文を観察し，現象を次のようにまとめた。以下に繰り返す。

(40)　a. 疑問詞の直前まで平らなピッチが生じる。
　　　b. 疑問詞にピッチの上昇が生じる。
　　　c. 疑問詞より後ろには，ピッチの上昇は生じず，ピッチのなだらかな下降が生じる。

次に，複文のピッチパターンを観察し，(40a) の現象がどこから始まるのか，また，(40c) はどこまで続くのかを考察した。そして，(40c) の現象に関しては，疑問のスコープと関連があることを示した。疑問のスコープが文全体である直接疑問文では，ピッチの上昇が生じないという現象は文末まで続く。一方，疑問のスコープが埋め込み節である間接疑問文では，埋め込み節末まで続く。(40a) の現象に関しては，疑問のスコープとの関連は見られない。(59) に図示する。

(59)　a. 直接疑問文
　　　　　[CP～～～～[CP WH　　　　]　　C]　　(44)

　　　b. 間接疑問文
　　　　　[CP～～～～[CP WH　　C]　　]　　(45)

最後に，疑問詞を二つ含む文のピッチパターンを観察した。二つの疑問詞が同一節内にある文では，一つ目の疑問詞にのみピッチの上昇が生じる。二つの疑問詞が異なる節にある文では，主節にある疑問詞より前では平らなピッチが生じ，その疑問詞より後ろには高いピッチが生じない。(60) に図示する。

(60) a. 二つの疑問詞が同一節内にある文
　　　　[_CP ＿＿＿＿ WH1 WH2 ＿＿＿＿ C1,2]　(49)

　　b. 二つの疑問詞が異なる節にある文
　　　(i) [_CP WH1 　[_CP 　　WH2 　　C2] 　C1]　(51)

　　　(ii) [_CP [_CP WH1 　C1] ... WH2 　　　C2]　(52)

　以上が，トルコ語における疑問詞を含む文のピッチパターンのまとめである。本研究では，複文のピッチパターンを詳細に観察することで，疑問詞よりも後ろに生じるピッチパターンが疑問のスコープと関連があることを新たに示した。

4．小林方言とトルコ語の比較

　これまで，小林方言とトルコ語において，疑問詞やフォーカスが音声的にどのように実現するのかを見てきた。小林方言とトルコ語，どちらの言語においても，疑問詞を含む文と含まない文では，異なるピッチパターンが生じる。この4節では，これまでの記述を整理しながら，小林方言とトルコ語の異同について考察する。
　はじめに，両言語に共通する現象を取り上げる。小林方言とトルコ語で共通しているのは，疑問詞よりも後ろのピッチパターンである。小林方言でもトルコ語でも，疑問詞より後ろには，ピッチの上昇が生じないという現象が観察される。(61) に図示する。

(61)　[_CP WH 　　　C]

　さらに，その現象がどこまで続くかは，疑問のスコープと関連している。このことは，疑問詞が埋め込み節にある文において，直接疑問文と間接疑問

文のピッチパターンを比較することによって明らかになる。小林方言でもトルコ語でも，問題としている現象は疑問のスコープが文全体となる直接疑問文では文末まで続き，疑問のスコープが埋め込み節となる間接疑問文では，埋め込み節末まで続く。(62)に図示する。

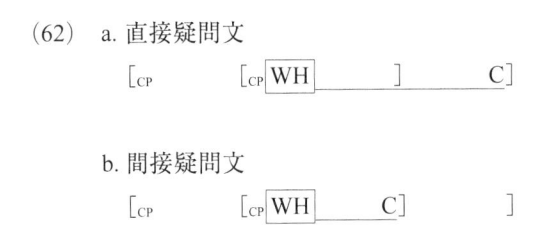

(62) a. 直接疑問文
 [_CP   [_CP WH   ]   C]

 b. 間接疑問文
 [_CP   [_CP WH   C]   ]

また，小林方言でもトルコ語でも，疑問詞を二つ含む文では，主節にある疑問詞が埋め込み節にある疑問詞に先行する場合，主節の疑問詞より後ろには，文末までピッチの上昇が生じない。つまり，埋め込み節にある疑問詞には高いピッチが生じない。(63)に図示する。

(63) [_CP WH1 [_CP WH2   C2]   C1]

次に，両言語で異なる現象を取り上げる。小林方言とトルコ語で異なっているのは，疑問詞よりも前のピッチパターンである。小林方言では，疑問詞より前では，すべての韻律語にピッチの上昇が生じる。一方，トルコ語では，疑問詞より前では，平らなピッチが続く。(64)に図示する。

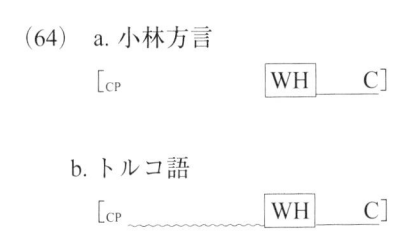

(64) a. 小林方言
 [_CP   WH   C]

 b. トルコ語
 [_CP   WH   C]

このような違いは，二つの疑問詞が異なる節に含まれる場合にも見られ

る。前出の (63) では，主節にある疑問詞が埋め込み節にある疑問詞に先行する場合，小林方言とトルコ語では同様の現象が見られることを述べた。これに対し，埋め込み節にある疑問詞が主節にある疑問詞に先行する場合には，両言語で異なるピッチパターンが生じる。小林方言では，埋め込み節にある疑問詞にピッチの上昇が生じるのに対し，トルコ語では，主節の疑問詞より前には平らなピッチが続き，埋め込み節の疑問詞にはピッチの上昇が観察されない。(65) に図示する。

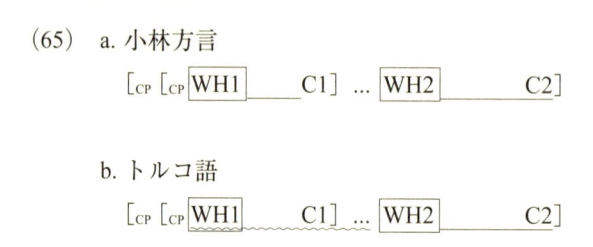

(65) a. 小林方言

   [$_{CP}$ [$_{CP}$ WH1   C1] ... WH2   C2]

  b. トルコ語

   [$_{CP}$ [$_{CP}$ WH1   C1] ... WH2   C2]

　以上，この4節では，小林方言とトルコ語における，疑問詞を含む文のピッチパターンの異同について考察した。両言語においては，疑問詞よりも前に見られるピッチパターンに違いがある一方で，疑問詞よりも後ろに見られるピッチパターンは共通していることを見た。本章の2.2.1節で見たとおり，小林方言やトルコ語に共通したピッチパターンと類似した現象が，東京方言でも観察されている。次章では，多くの言語に共通する特徴と，トルコ語に固有の特徴がどのように派生されるのか，という問題について議論する。

第 3 章
疑問詞やフォーカスを含む文のピッチパターンの派生

　本章では，小林方言とトルコ語において，疑問詞やフォーカスを含む文のピッチパターンがどのように派生されるのか，という問題を議論する。

　1 節では，問題の所在を述べる。第 2 章で見たとおり，疑問詞やフォーカスを含む文のピッチパターンには，小林方言とトルコ語に共通する特徴と，それぞれの言語に固有の特徴がある。この二つの特徴について，議論すべき問題を明示する。

　2 節では，小林方言とトルコ語に共通する特徴を分析するため，同様の問題に取り組んだこれまでの研究を概観する。小林方言とトルコ語には，(i) 疑問詞よりも後ろにはピッチの上昇が生じない (ii) それがどこまで続くかは疑問のスコープと関連する，という特徴がある。(i) に関しては，この二つの一型アクセント言語において働く音韻規則を仮定する。一方，(ii) は，小林方言とトルコ語に限って見られる特徴ではなく，東京方言でも同様の現象が観察されることは既に述べたとおりである。また，福岡方言でもこれと同様の現象が見られる。東京方言と福岡方言の研究を行っている Ishihara (2003) と Kubo (2005) を取り上げ，どのような分析が行われているのかを見ていく。

　3 節では，Ishihara (2003) と Kubo (2005) の分析に基づき，小林方言とトルコ語に共通している (ii) の特徴を説明する。さらに，トルコ語に固有の特徴に関する問題について論じる。トルコ語には，本研究で扱う日本語の方言とは異なる特徴がある。これに関しては，Göksel, Kelepir and Üntak-Tarhan (2009)，Sato (2009) の研究を取り上げる。

　4 節では，この章のまとめを述べる。

1. 問題の所在

1.1. 小林方言とトルコ語に共通する問題

　小林方言とトルコ語に共通する特徴として，疑問詞やフォーカスより後ろにピッチの上昇が生じないという現象がある。疑問詞を含む文のピッチパターンを（1）に示す。第2章で見たとおり，小林方言とトルコ語では，疑問詞より後ろにはピッチの上昇が生じない。

(1) a. ダィ-ガ　　　ビール　　　ノン-ダ　　ト　ケ
　　　　誰-NOM　　　ビール.ACC　飲む-PAST NZR　Q

　　　＜誰がビール飲んだの？＞

　　b. KİM　anne-m-e　　　　haber-i　　söyle-miş?
　　　　誰.NOM　母-POSS.1sg-DAT　ニュース-ACC　話す-PF.3sg

　　　＜誰が母にそのニュースを話したの？＞

　第1章では，高いピッチは，Hトーン連結規則が適用され，HトーンがTBU（トーンを担う単位）に連結されることによって実現したものであると仮定した。この仮定に従えば，疑問詞より後ろにピッチの上昇が生じないのは，疑問詞より後ろでは一旦連結されたHトーンが削除されているからだと考えられる。ここでは，Hトーン削除に関わる音韻論的な制約，規則がどのようなものであるかが問題となる。

　さらに，小林方言とトルコ語に共通するものとして，ピッチの上昇が生じないという現象がどこまで続くかは，疑問のスコープによって異なるという特徴がある。疑問のスコープが文全体であれば文末まで，疑問のスコープが埋め込み節であれば，埋め込み節末まで続く。下の（2）に直接疑問文の例，（3）に間接疑問文の例を示す[1]。

第 3 章　疑問詞やフォーカスを含む文のピッチパターンの派生　　　　　　*111*

(2) 直接疑問文
 a. [ナオミ-ワ　[ダィ-ガ]　ビール　　　ノン-ダ　チ]　イマデン　オモ-
   直美-TOP　　誰-NOM　ビール.ACC　飲む-PAST COMP　今でも　　思う-

  チョッ　ト　ケ]
  PROG　NZR　Q

  ＜直美は誰がビール飲んだって今でも思ってるの？＞

 b. [anne-m　　　　[bura-ya [kiM-iN] gel-diğ-i-ni]　　　baba-m-a
   母-POSS.1sg.TOP　ここ-DAT 誰-GEN 来る-VN-POSS.3sg-ACC　父-POSS.1sg-DAT

  söyle-miş]?
  話す-PF.3sg

  ＜母はここに誰が来たことを父に話したの？＞

(3) 間接疑問文
 a. [ナオミ-ワ　[ダィ-ガ]　ビール　　　ノン-ダ　カ]　イマデン　オボェ-
   直美-TOP　　誰-NOM　ビール.ACC　飲む-PAST Q　今でも　　覚える-

  チョット　　ヨ]
  PROG　NZR　よ

  ＜直美は誰がビール飲んだか今でも覚えてるよ＞

 b. [anne-m　　　　[bura-ya [kiM-iN] gel-diğ-i-ni]
   母-POSS.1sg.TOP　ここ-DAT 誰-GEN 来る-VN-POSS.3sg-ACC

  baba-M-A　　　　söyle-miş].
  父-POSS.1sg-DAT 話す-PF.3sg

  ＜母はここに誰が来たかを父に話した＞

このことは，上述した H トーン削除に関わる音韻論的制約，規則が働く領域

---

1) どちらの例においても，トルコ語では，疑問詞より前には平らなピッチが生じる。このことについては，3.4 節で詳述する。

と疑問のスコープに関連があるということを示している。ここでは、このような関連をどのように説明するかが問題になる。

この第 3 章で扱う問題をまとめると、以下のとおりである。

(4) a. H トーン削除に関わる音韻論的制約、規則はどのようなものか。
　　b. (4a) が働く領域をどのように規定するか。

1.2. トルコ語に固有の問題

トルコ語では、小林方言とは異なり、文頭から疑問詞の直前まで、平らなピッチが続く。(5a) では、文頭から疑問詞 *kim-e* ＜誰に＞の直前まで平らなピッチが続く。それに対し、小林方言の (5b) では、疑問詞「ナユ＜何を＞」の前にも、ピッチの上昇が生じる。

(5) a. anne-m　　　haber-i　　kİM-E　söyle-miş?
　　　母-POSS.1sg.TOP ニュース-ACC 誰-DAT 話す-PF.3sg

　　　＜母はそのニュースを誰に話したの？＞

　　b. ナオヤ-ワ　 ナユ　 ノン-ダ　 ト　 ケ
　　　直也-TOP 　何を 　飲む-PAST　NZR　Q

　　　＜直也は何を飲んだの？＞

なお、下の (6) で見られるように、直接疑問文においても間接疑問文においても、平らなピッチは、文頭から疑問詞の直前まで続く。この現象と疑問のスコープとの関連は見られない。

第3章　疑問詞やフォーカスを含む文のピッチパターンの派生　　　113

(6) a. 直接疑問文

　　　[anne-m　　　　[bura-ya kiM-İN gel-diğ-i-ni]
　　　母-POSS.1sg.TOP　ここ-DAT　誰-GEN　来る-VN-POSS.3sg-ACC

　　　baba-m-a　　　söyle-miş]？
　　　父-POSS.1sg-DAT　話す-PF.3sg

　　　＜母はここに誰が来たことを父に話したの？＞

　b. 間接疑問文

　　　[anne-m　　　　[bura-ya kiM-İN gel-diğ-i-ni]
　　　母-POSS.1sg.TOP　ここ-DAT　誰-GEN　来る-VN-POSS.3sg-ACC

　　　baba-M-A　　söyle-miş]．
　　　父-POSS.1sg-DAT　話す-PF.3sg

　　　＜母はここに誰が来たかを父に話した＞

　もし，この現象と疑問のスコープに関連が見られるならば，平らなピッチは，疑問のスコープが文全体である直接疑問文では文頭から，疑問のスコープが埋め込み節である間接疑問文では埋め込み節初頭からはじまる，というような現象が期待される．つまり，(7a) と (7b) のような違いである．しかし，実際はこのような違いは観察されない．

(7) a. 直接疑問文

　　　[anne-m　　　　[bura-ya kiM-İN gel-diğ-i-ni]
　　　母-POSS.1sg.TOP　ここ-DAT　誰-GEN　来る-VN-POSS.3sg-ACC

　　　baba-m-a　　　söyle-miş]？
　　　父-POSS.1sg-DAT　話す-PF.3sg

　　　＜母はここに誰が来たことを父に話したの？＞

b. 間接疑問文

 *[ANne-m   [bura-ya kiM-iN gel-diğ-i-ni]
  母-POSS.1sg.TOP ここ-DAT 誰-GEN 来る-VN-POSS.3sg-ACC

 baba-M-A   söyle-miş].
 父-POSS.1sg-DAT 話す-PF.3sg

＜母はここに誰が来たかを父に話した＞

従来の分析は，主に，疑問詞やフォーカスより後ろに生じる現象に注目している。本研究では，トルコ語で見られる，疑問詞より前に生じるこのような現象についても議論する。

2．これまでの研究

この2節では，Ishihara (2003) と Kubo (2005) の研究を取り上げる。それぞれ，東京方言と福岡方言において，疑問詞やフォーカスを含む文に生じる特徴的なピッチパターンを研究対象としている。そのピッチパターンが生じる範囲がどのように規定されるのかということが議論の中心となっている。二つの研究は韻律音韻論を枠組みとしており，問題となる範囲，すなわち音韻規則の適用領域を派生する仕組みを論じている。音韻論は統語論のどのような情報をどのように参照しているのか，という韻律音韻論における最も重要な問いに関わる研究である。

2.1. 東京方言

東京方言を対象とした研究は多いが，その中でも，Ishihara (2003) は，幅広く現象を取り上げ，詳細な分析を行っている。Ishihara (2003) の主張をより深く理解するために，それに先立つ研究として Nagahara (1994) を簡単に紹介する。また，Ishihara (2003) と同じ現象について異なる分析を行った Selkirk (2009) を紹介する。

2.1.1. Nagahara (1994) の観察と記述

東京方言では，フォーカスを含む文では，二つの音声現象が観察されることが広く知られている。一つは，フォーカスに生じるピッチのピークが高くなるという現象である。もう一つは，フォーカスより後ろでピッチのピークが減衰するという現象である[2]。Nagahara (1994) は，ピッチのピークの減衰をダウンステップと見なし，フォーカスを含む文と含まない文では，Major Phrase の形成が異なっていると記述している。Major Phrase とは，東京方言において，ダウンステップの生じる範囲として仮定される韻律範疇のことである[3]。Major Phrase の境界があれば，そこでダウンステップはリセットされることになる。Nagahara (1994) は，Selkirk and Tateishi (1991) に基づき，Major Phrase は，その左境界を統語構造の最大投射の左境界と一致させることによって派生されると仮定した。そして，フォーカスを含む文では，その Major Phrase の境界が削除されると分析している。

以下は，Nagahara (1994) の挙げた例である。下の (8a) の統語構造を持つ文は，(8b) のように Major Phrase が形成される。

(8) a. 統語構造:[NP ナオコワ][AdvP ニチヨービ][PP ナゴヤデ][PP マリニ][V アッタ]

b. 韻律構造:(ナオコワ)MaP (ニチヨービ)MaP (ナゴヤデ)MaP (マリニ アッタ)MaP

(Nagahara 1994, p. 28, (8-1), (8-2) に基づく)

---

2) ここでは，小林方言やトルコ語と比較・対照することを考慮し，疑問詞やフォーカスより後ろで生じるピッチの減衰という現象に焦点を置く。

3) Nagahara (1994) は，Pierrehumbert and Beckman (1988) に従い，ダウンステップの生じる領域を Intermediate Phrase (中間句) と呼んでいる。ここでは，術語を統一するために，Major Phrase と言い換える。

Nagahara (1994) の観察によれば，フォーカスを含む文では，フォーカスより後ろでは，最大投射の左境界が存在していても，ダウンステップのリセットが起こらない。この事実に基づき，Nagahara (1994) は，フォーカスから文末までの Major Phrase の境界が削除され，一つの大きな Major Phrase が形成されると分析している[4]。(9) に例を挙げる。フォーカスを四角で囲む。フォーカスを含む文では，Major Phrase の形成が前出した (8b) とは異なる。例えば，(9a) では，フォーカスである「ナオコワ」から文末までの Major Phrase 境界が削除され，文全体から一つの Major Phrase が形成されている。

(9) a. (ナオコワ　　ニチヨービ　　ナゴヤデ　マリニ アッタ)_MaP
　　b. (ナオコワ)_MaP (ニチヨービ　　ナゴヤデ　マリニ アッタ)_MaP
　　c. (ナオコワ)_MaP (ニチヨービ)_MaP (ナゴヤデ　マリニ アッタ)_MaP

(Nagahara 1994, p. 28, 29, 8-8), 8-6), 8-5) に基づく)

以上，Nagahara (1994) の分析を見た。Nagahara (1994) は，東京方言におけるフォーカスを含む文のピッチパターンの記述を行い，そこで観察される特徴的なピッチパターンをダウンステップと解釈した。Nagahara (1994) では単文のみを観察対象としたため，ダウンステップが生じる範囲，すなわちMajor Phrase の境界が削除されるのは，「文末まで」と考えられている。

2.1.2. Ishihara (2003) の Multiple Spell-Out 分析

この 2.1.2 節では，Ishihara (2003) によって提案された Multiple Spell-Out 分析を取り上げる。Ishihara (2003) は，東京方言における疑問詞やフォーカスを含む文のピッチパターンを生み出す仕組みを論じている。疑問詞を含む文の観察に基づき議論が行われているが，フォーカスも同様の仕組みによって説明される。Ishihara (2003) の主張は二つある。一つ目は，東京方言におけ

---

[4] Nagahara (1994) では，フォーカスの左端に Major Phrase の左端が挿入されることについても論じられているが，ここで取り上げている小林方言とトルコ語の議論には関わらないので，言及しない。

る疑問詞を含む文のピッチパターンは，Major Phrase の形成によっては記述できないという主張である。それに代わる，二つの音韻規則を提案している。二つ目は，この二つの規則の適用領域がSpell-Outドメインであるという主張である。Ishihara (2003) は，Multiple Spell-Out 分析を取り入れ，音韻規則は循環的に適用されると考えている。この分析の詳細は以下の議論の中で述べる。まず，一つ目の主張から見ていく。

Ishihara (2003) は，Nagahara (1994) と同じく，東京方言における疑問詞やフォーカスを含む文において，二つの現象を観察している。疑問詞に生じるピッチのピークが，疑問詞でないものに比べてより卓立するという現象と，疑問詞より後ろでピッチのピークが減衰するという現象である。しかし，Ishihara (2003) は，Sugahara (2003) に基づき，Nagahara (1994) とは異なる分析を行っている。Sugahara (2003) は，フォーカスより後ろに生じるピークの減衰は，必ずしも Major Phrase 境界の削除によるものではないことを示した[5]。このことに基づき，Ishihara (2003) は，疑問詞を含む文のピッチパターンは，Major Phrase の形成によって記述することは不可能であると主張する。

Ishihara (2003) は，疑問詞を含む文で観察されるピッチパターンを記述するために，Metrical Grid 表示を用い，grid (x) をピッチの高さを表すものとして仮定している。そして，grid を挿入・削除する規則を提案した。それぞれを P-focalization 規則，PFR (Post-FOCUS Reduction) 規則と呼ぶ。(10) と (11) に挙げる。

(10)　P-focalization

　　　If $α_{FOC}$ bears FOCUS, Add x's to $α_{FOC}$ until new line is formed.

(Ishihara 2003, p. 80, (45))

---

[5] Sugahara (2003) では，ピークの減衰は Major Phrase 境界の削除によって生じるものと，それとは無関係に生じるものがあると述べられている。フォーカスより後ろにある要素が，文脈的に given である場合は前者であり，文脈的に new であれば後者である。後者の場合，Major Phrase 境界はそのまま残ることになる。

(11) Post-FOCUS Reduction

If $α_{FOC}$ bears FOCUS and precedes $β$, and $α_{FOC}$'s peak (after P-focalization) is at Line n, then delete an x of $β$ on line n-1.

(Ishihara 2003, p. 81, (47))

これらの規則がどのように適用されるのかを例示する。下の (12) の表示は，三つの有アクセント語の $α, β, γ$ 連続である。Line0 にはモーラが表示される。丸括弧は，韻律語の境界を表している。3モーラの有アクセント語から成る韻律語が三つ連続している。アクセントは，Line1 と Line2 の grid によって表される[6]。(12) では，すべての韻律語において，2モーラ目のピッチが1モーラ目と3モーラ目より高いことが表されている。

(12)　Line2　　x　　　　　x　　　　　x
　　　Line1　　x　　　　　x　　　　　x
　　　Line0（x　x　x）（x　x　x）（x　x　x）
　　　　　　　　α　　　　　β　　　　　γ

次に，フォーカスを含む文の表示を示す。下の (13) では，二つ目の $β$ がフォーカス素性を持つ場合を想定する。まず，P-focalization 規則が適用され，Line3 に grid が加えられる。(13) では，$β$ のピッチのピークが高くなっていることが表されている。次に，PFR 規則が適用され，$β$ に先行される $γ$ のLine2 の grid が削除される。ここで，[x] は，PFR 規則によって削除される grid を表す。(13) では，フォーカスより後ろの韻律語 $γ$ でピッチのピークが減衰していることが表されている。

---

[6] Line1 と Line2 に grid を仮定する理由は，フォーカスより後ろで grid 削除が起こっても，東京方言ではアクセントのピークが消えることはないからである。ピークの減衰を表すために，無標の表示では，Line1 だけでなく Line2 にも grid を仮定する必要がある。

(13) Line3   x
      Line2   x   x   [x]
      Line1   x   x   x
      Line0 (x   x   x)(x   x   x)(x   x   x)
                   α   β   γ

　続いて，Ishihara (2003) の二つ目の主張を見ていく。P-focalization と PFR 規則の適用領域に関するものである。Ishihara (2003) は，次のような現象を観察している。(14) は埋め込み節内に疑問詞を含む間接疑問文の例である。ここで注目したいのは，ピークの減衰が埋め込み節までとなっているという点である。後の説明のために，補文標識も四角で囲む。

(14) [CP ナオヤワ [CP マリガ ナニオ ノミヤデノンダ カ] イマデモ オボエテル]
　　　＜直也は真理が何を飲み屋で飲んだか今でも覚えてる＞

(Ishihara 2003, p. 55, (30b))

この事実は，PFR 規則の適用が，文末までではなく，埋め込み節末までとなっていることを示している。
　Ishihara (2003) では，Multiple Spell-Out 分析に基づき，PFR 規則は Spell-Out ドメインに適用されると主張する[7]。上の (14) は，埋め込み節が Spell-Out された時点で PFR 規則が適用されるため，ピッチのピークの減衰は文末まで続かず，埋め込み節末までとなると説明する。Multiple Spell-Out 分析を取り入れることによって，特別な仮定を増やさずに，(14) の間接疑問文における現象を説明することができると述べている。
　しかし，Ishihara (2003) のメカニズムには，さらなる仮定が必要となる。なぜならば，下の (15) のように，埋め込み節に疑問詞が含まれる文で，ピッチのピークの減衰が文末まで続くことが観察されるからである。この文は，

---

7) Ishihara (2003) では，Spell-Out ドメインは，Chomsky (2000, 2001) によって主張される「vP, CP の補部」ではなく，「vP と CP」であると仮定されている。

直接疑問文として解釈される。規則がSpell-Outドメインに適用されているとすれば，このような現象は予測されない。埋め込み節内に疑問詞があれば，ピッチのピークの減衰は，常に埋め込み節末までであることが予測される。

(15)　[_CP ナオヤワ [_CP マリガ ナニオ ノミヤデノンダト] イマデモ オモッテル ノ]
　　　＜直也は真理が何を飲み屋で飲んだと今でも思ってるの＞
(Ishihara 2003, p. 53, (29b))

　Ishihara (2003) は，このような現象を説明するために，さらに二つの仮定を行っている。一つ目は，疑問詞やフォーカスは始めからフォーカス素性を持っているのではなく，統語論の派生の過程において，それをc-commandする補文標識「カ」や「ノ」からフォーカス素性が付与されるという仮定である。二つ目は，前出の (10) と (11) の規則の適用後，フォーカス素性は削除されるという仮定である。
　前出の (14) では，統語論において，埋め込み節の補文標識「カ」がそのc-command領域内にある疑問詞「ナニ」にフォーカスを付与する。その後，埋め込み節がSpell-Outされ，音韻論でPFR規則が適用される。規則の適用後，フォーカス素性が削除される。主節がSpell-Outされる段階では埋め込み節内の疑問詞のフォーカス素性は削除されているため，PFR規則は適用されず，埋め込み節より外側には影響を及ぼさない。一方，直接疑問文の (15) では，埋め込み節がSpell-Outされる段階では，疑問詞「ナニ」はフォーカス素性を付与されない。なぜならば，「ナニ」にフォーカス素性を付与するのは，主節の補文標識「ノ」だからである。従って，この埋め込み節がSpell-Outされた段階ではPFR規則は適用されない。その後，「ナニ」は主節の補文標識からフォーカス付与され，Spell-Outされる。この時点でPFR規則が適用される。従って，ピッチのピークの減衰が文末まで続くのである。
　以上，Ishihara (2003) の分析を見た。注目したいのは，(11) のPFRという音韻規則の適用領域をどのように規定したか，という点である。Ishihara (2003) は，Multiple Spell-Out分析に基づいて，その規則の適用領域がSpell-Outドメインであると主張した。そして，疑問のスコープとの関連を説明するために，

フォーカス素性に関して二つの仮定を必要とした。

2.1.3. Selkirk (2009) の Intonational Phrasing 分析

この 2.1.3 節では，Selkirk (2009) によって提案された Intonational Phrasing 分析を取り上げる。Selkirk (2009) は，Ishihara (2003) と同様に，規則の適用領域がどのように規定されるかという問題に取り組んでいる。ここでは，Ishihara (2003) の分析と異なる部分を明示した上で，Selkirk (2009) にとって問題となる点を挙げる。また，この分析では，トルコ語のデータが記述できないという点も述べる。

Selkirk (2009) は，これまでの韻律音韻論を発展させ，統語範疇と韻律範疇に (16) のような一対一の関係を仮定している。

(16) 統語論　　　　　音韻論
　　　語　　　－　　　韻律語
　　　句　　　－　　　音韻句
　　　節　　　－　　　イントネーション句

Selkirk (2009) では，東京方言におけるピッチパターンの観察に基づき，イントネーション句の形成について詳しく議論されている。Selkirk (2009) は，Multiple Spell-Out 分析を取り入れ，イントネーション句は，Spell-Out ドメインと一致することによって形成されると主張する[8]。このことの証拠の一つとして，東京方言における疑問詞を含む文のピッチパターンが取り上げられている。Ishihara (2003) と同じく，間接疑問文では，疑問詞より後ろで生じるピッチのピークの減衰が続くのは，文末までではなく埋め込み節末までであるという事実に注目している。Selkirk (2009) は，減衰が続くのは，イントネーション句末までであると分析する。

---

8) Selkirk (2009) では，Spell-Out ドメインは「vP, CP の補部」であると仮定されている。

Ishihara (2003) では，音韻規則が直接 Spell-Out ドメインに適用されると仮定されているのに対し，Selkirk (2009) では，音韻規則や制約は，Spell-Out ドメインに直接適用されるのではなく，イントネーション句という韻律範疇に適用されると主張している。Selkirk (2009) は，韻律音韻論の枠組みに基づき，音韻論的な制約・規則が働く領域は，韻律範疇によって規定されるという立場を支持するからである。

以上のような相違はあるが，Selkirk (2009) と Ishihara (2003) は，どちらも Multiple Spell-Out 分析を採用しているという点では同じであり，一見すると全く同じ現象を予測するように思える。例えば，Ishihara (2003) と同様に，下の間接疑問文 (17) の例を説明することが可能である。Selkirk (2009) の分析では，間接疑問文におけるピッチのピークの減衰が生じる領域はイントネーション句であると述べている。(17) では，CP の補部が Spell-Out ドメインとなり，イントネーション句が形成される。

(17) ナオヤワ（マリガ ナニオ ノミヤデノンダ）_IntP カ ユミニ モラシタ

(Selkirk 2009, p. 60, (30a))

Selkirk (2009) の分析で大きな問題となるのは，(18) のように，埋め込み節内に疑問詞がある直接疑問文である。そのような文では，ピークの減衰はイントネーション句の外まで続く。Intonational Phrasing 分析でこの事実を説明することは不可能である。

(18) ナオヤワ（マリガ ナニオ ノミヤデ ノンダ）_IntP ト ユミニ モラシタ ノ

(Selkirk 2009, p. 61, (31))

このことについて，Selkirk (2009) は，(18) の事実の観察に問題がある可能性を示唆している。その根拠として，知覚実験に基づく研究に言及している。知覚実験では，必ずしもピークの減衰の生じる範囲は一定せず，揺れがあることが報告されている[9]。この事実に基づき，(18) のような現象が観察

されたとしても，Intonational Phrasing 分析の反例とはみなしていない。

以上，Selkirk (2009) の分析を見た。Selkirk (2009) は Intonational 句が Spell-Out ドメイン，すなわち統語論的な節を参照することによって形成されると主張した。Ishihara (2003) で問題とされていた，間接疑問文と直接疑問文の違いについては，直接の分析対象としていないことに注目したい。

東京方言のこのような観察に対して，トルコ語の事実を示したい。トルコ語でも，間接疑問文と直接疑問文では，ピッチパターンの違いが観察される。両者は，ピッチパターンの違いでのみ区別され，揺れは生じない。(19a) が間接疑問文，(19b) は直接疑問文である。ここでは，直接疑問文である (19b) において，ピッチの下降がイントネーション句の外側まで続いていることが問題となる。

(19)　a. anne-m　　　　(bura-ya kİM-İN gel-diğ-i-ni)_IntP
　　　　母-POSS.1sg.TOP　ここ-DAT　誰-GEN　来る-VN-POSS.3sg-ACC

　　　　baba-M-A　　　söyle-miş.
　　　　父-POSS.1sg-DAT　話す-PF.3sg

　　　　＜母はここに誰が来たかを父に話した＞

---

9) Hirotani (2005) の知覚実験の結果が引用されている。

　　ジョンは [メアリーが何を買ったか] 事務室で聞きましたか？
　　　　　　　　　　　　　　　　　　(Selkirk 2009, p. 62, (33) に基づく)

この文の解釈は二通りある。一つは疑問詞疑問文としての解釈，もう一つは選択疑問文としての解釈である。疑問詞疑問文として解釈される場合は，ピークの減衰は主節末まで続き，選択疑問文として解釈される場合は埋め込み節末まで続くということが予測される。しかし，実験結果としては，解釈とピッチパターンは一定しないと言う。話者が二つの解釈を意識したときにのみ，ピッチパターンの違いが生じると言う。

b. anne-m　　　　　　(bura-ya |kiM-İN| gel-diğ-i-ni)_IntP
　　母-POSS.1sg.TOP　ここ-DAT　誰-GEN　来る-VN-POSS.3sg-ACC

baba-m-a　　　　　söyle-miş?
父-POSS.1sg-DAT　話す-PF.3sg

＜母はここに誰が来たことを父に話したの？＞

Selkirk (2009) の分析では，埋め込み節内に疑問詞のある直接疑問文において見られるピッチパターンを正しく予測しない。本研究では，トルコ語の現象を含めて考察を行っていくため，Selkirk (2009) の分析は採用しない。

2.2. 福岡方言：Kubo (2005) の Wh-Complementizer 分析

この 2.2 節では，Kubo (2005) の分析を取り上げる。Kubo (2005) では，福岡方言と釜山方言における疑問詞を含む文のピッチパターンと，フォーカスを含む文のピッチパターンが記述されている。福岡方言の記述は，早田 (1985)，久保 (1989, 1992, 2001)，Kubo (2005) がある。ここでは，福岡方言を中心に取り上げるが，釜山方言でも同様の現象が見られるため，福岡方言と並べて例示する。

福岡方言は，東京方言と同様に語彙的アクセントを持つ方言であるが，疑問詞を含む文のピッチパターンは，東京方言と異なる。東京方言では，疑問詞より後ろではピッチのピークが減衰するが，アクセントの区別は残っている。一方，福岡方言では，高く平らなピッチが実現する。つまり，疑問詞より後ろでは，アクセントの区別が中和されるのである。さらに，福岡方言が，東京方言と大きく異なるのは，フォーカスを含む文では，疑問詞を含む文とは異なるピッチパターンが生じるという点である。フォーカスを含む文では，アクセントの区別は中和されない。

さらに，Kubo (2005) は，アクセントの区別が中和される範囲についても言及している。その範囲は，「最大一つのアクセントが実現する範囲」として仮定され，Minor Phrase と呼ばれている。Minor Phrase とは，韻律語よりも大きな韻律範疇で，東京方言でも同様の現象が生じる範囲として仮定されている。福岡方言でも，これまで見てきた小林方言やトルコ語，東京方言と同じ

く，疑問のスコープによって，アクセントの区別の中和が生じる範囲が異なる。この事実を，Kubo（2005）は，WH素性（以下，[+wh]）を持った補文標識に言及するMinor Phrase形成規則を仮定することで説明する。

　下の（20）は福岡方言，（21）は釜山方言の例である。まず，福岡方言から見ていく。（20a）は，疑問詞が含まれない文である。この文では，語彙的アクセントが実現する。一方，疑問詞が含まれる（20b）では，疑問詞から文末までアクセントの中和が起こる（Kubo 2005）。この事実は，（20a）と（20b）において，Minor Phraseの形成が以下のように異なっているからであると分析される。

(20) a. (キョ'ー)_MiP (ビ[ール)_MiP (ノ\ンダ)_MiP
　　　　今日　　　ビール.ACC　飲んだ

　　　＜今日ビール飲んだ＞

　　b. (キョ'ー)_MiP (ダ[レ-ガ　ビール　ノンダ)_MiP
　　　　今日　　　誰-NOM　ビール.ACC 飲んだ

　　　＜今日誰がビール飲んだ？＞

(Kubo 2005, p. 199, (8a,b))

Kubo（2005）は，同様の現象が釜山方言でも観察されることを指摘している。（21a）は疑問詞を含まない文である。（21b）は疑問詞 *nuga*＜誰が＞を含む文である。（21b）では，疑問詞から文末までアクセントの中和が起こる。

(21) a. (o[nil)_MiP (gal\bi)_MiP (mu'un-na)_MiP
　　　　今日　　　カルビ.ACC　食べた-YNQ

　　　＜今日カルビ食べた？＞

b. (o(nil)‿MiP (nuga galbi muun-na)‿MiP
　　今日　　　誰.NOM カルビ.ACC 食べた-WHQ

＜今日誰がカルビ食べた？＞

(Kubo 2005, p. 198, (7a,b) に基づく)

次に，間接疑問文のピッチパターンの例を挙げる。語彙的アクセントの中和が起こる範囲は，疑問詞から文末までではなく，疑問詞から埋め込み節末までとなる。これは，疑問詞から埋め込み節末までで一つの Minor Phrase を形成していると分析される。

(22) a. ([ダレ-ガ　ビール　ノンダ カ])‿MiP (シット゛ー)‿MiP
　　　　　誰-NOM ビール.ACC 飲んだ COMP　　知ってる

＜誰がビール飲んだか知ってる？＞

(Kubo 2005, p. 201, (11a))

b. (nuga galbi munnin-ji)‿MiP (algo in-na)
　　誰.NOM カルビ.ACC 食べた-COMP 知っている-YNQ

＜誰がカルビ食べたか知ってる？＞

(Kubo 2005, p. 200, (10a))

Kubo (2005) では，前出の (20)-(22) の現象を，疑問詞から，その疑問詞を束縛する [+wh] を持つ補文標識までが一つの Minor Phrase を形成すると分析している。(20b) と (21b) では，文末に [+wh] を持つ φ を補文標識として仮定し，疑問詞から φ までで一つの Minor Phrase が形成される。一方，(22) では疑問詞から埋め込み節末の補文標識「カ」，na までで一つの Minor Phrase が形成される。以下に図示する。

(23) a. [WH　　　φ COMP]　　　　　　(20b), (21b)
　　　 (　　　　　　　　　)‿MiP
　　 b. [[WH　　　COMP]　　　　]　　(22)
　　　 (　　　　　　　　)‿MiP (　　　　)‿MiP

Minor Phrase の形成がこのように異なるため，アクセントの中和が起こる範囲が異なると説明する。

以上，Kubo (2005) の分析を見た。注目したいのは，Minor Phrase が疑問詞と，それを束縛する［+wh］素性を持つ補文標識から形成されると述べている点である。この分析に従えば，音韻論では，これらの統語的な情報が参照されているということになる。

2.3. Ishihara (2003) と Kubo (2005)

この 2.3 節では，これまでに取り上げた二つの分析を比較し，その相違点を述べる。これまで，疑問詞やフォーカスを含む文における特徴的なピッチパターンが実現する範囲に言及した研究を見てきた。特に，小林方言とトルコ語においても問題になっている，疑問のスコープとの関連について論じている Ishihara (2003) と Kubo (2005) の研究を取り上げた。問題となるピッチパターンがどこまで続くのかを議論の焦点としている。

Ishihara (2005) に基づけば，疑問詞やフォーカスは，統語論において，それを c-command する補文標識からフォーカス素性が付与される。間接疑問文の場合は，埋め込み節の補文標識が疑問詞にフォーカス素性を付与する。直接疑問文の場合は，文末の補文標識が疑問詞にフォーカス素性を付与する。Spell-Out は循環的に行われると仮定しており，その Spell-Out のドメインにフォーカス素性を付与された疑問詞があれば，そこからドメインの末端までが規則の適用領域となる。

一方，Kubo (2005) に基づけば，疑問詞から疑問詞を束縛する［+wh］素性を持った補文標識までを一つの Minor Phrase にするという規則が仮定されている。間接疑問文の場合は，疑問詞から埋め込み節の補文標識までで一つの Minor Phrase が形成され，直接疑問文の場合は，疑問詞から文末の補文標識までで一つの Minor Phrase が形成される。

Ishihara (2003) と Kubo (2005) に共通しているのは，疑問詞と関係付けられた補文標識に言及している点である。異なっているのは，Ishihara (2003) では，規則の適用領域を韻律範疇とせず，一方，Kubo (2005) では，Minor Phrase という韻律範疇としている点である。Ishihara (2003) の分析では，韻

律範疇の形成が関わらないため，韻律範疇は統語構造の非常に限られた情報のみを参照して形成されるというこれまでの仮説を保持している。しかし，Kubo (2005) では，Minor Phrase を形成する際に，音韻論が「疑問詞を束縛する [+wh] 素性を持った補文標識」といった統語論の情報を参照していることになる。

　本研究では，小林方言とトルコ語の現象を説明するために Kubo (2005) の分析に従う。疑問詞を複数含む文における Minor Phrase の形成には，韻律範疇を含む音韻表示に課せられる厳密階層仮説による制約が働いていると考えられるからである。詳細は 3.2.2 節で述べる。

3．小林方言とトルコ語の分析

　この3節では，小林方言とトルコ語の現象を説明する。はじめに，疑問詞を含む文に特徴的なピッチパターンを派生する音韻規則を提案する。そして，2節での議論を踏まえ，この音韻規則の適用領域がどのように規定されるかを論じる。

3.1.　Hトーン削除規則

　Kubo (2005) は，福岡方言では，疑問詞とそれを束縛する補文標識までで，一つの Minor Phrase が形成されると分析する。Minor Phrase は，「最大一つのアクセントが実現する」範囲として仮定されている。小林方言とトルコ語においては，「最大一つのHトーンが実現する」範囲を Minor Phrase と呼ぶことにする[10]。小林方言とトルコ語では，Minor Phrase に音韻規則が適用されることによって，第2章で観察したピッチパターンが派生される。

　小林方言とトルコ語において，Minor Phrase に適用される音韻規則として

---

10) 小林方言とトルコ語において問題としている韻律範疇を Minor Phrase と呼ぶことが妥当であるかどうかは検討が必要である。ここでは，記述のためにこの名称を用いることにする。

(24) を提案する。

(24) Hトーン削除規則：
　　　Minor Phrase 内で，初頭のHトーン以外のHトーンをすべて削除せよ。

　この規則がどのように適用されるのか図示する。下の (25) は，Minor Phrase 内に複数の韻律語が含まれた場合に，(24) の規則がどのように適用されるのかを表している。この場合，それぞれの韻律語 α, β, γ の最後の音節にHトーンが連結されているが，(24) の規則によって，初頭のHトーン，すなわち α に連結されているHトーン以外は削除される。

(25) 　((α)_{PW} (β)_{PW} (γ)_{PW})_{MiP}
　　　　　│　　　　≠　　　　≠
　　　　　H　　　　H　　　　H

　疑問詞を含む文では，疑問詞からそれを束縛する補文標識までが一つの Minor Phrase を形成する。従って，その Minor Phrase 内では，疑問詞から成る韻律語に連結されたHトーンが最も左のHトーンとなる。前出の (24) の規則が適用されると，それ以外のHトーン，すなわち，疑問詞より後ろにあるHトーンが削除される。(26) に小林方言の例を，(27) にトルコ語の例を挙げる。

(26) a. ダィ-ガ　　　ビール　　　ノン-ダ　ト　ケ
　　　　誰-NOM　　ビール.ACC　飲む-PAST NZR　Q
　　　＜誰がビール飲んだの？＞

　　　b. ((ダィガ)_{PW} (ビール)_{PW} (ノンダ)_{PW} ト ケ)_{MiP}
　　　　　　│　　　　　≠　　　　　≠
　　　　　　H　　　　　H　　　　　H

(27) a. KİM   anne-m-e   haber-i   söyle-miş   φ COMP
　　　誰.NOM 母-POSS.1sg-DAT ニュース-ACC 話す-PF.3sg
　　　＜誰が母にそのニュースを話したの？＞

　　b. ((kim)_PW (anneme)_PW (haberi)_PW (söylemiş)_PW   φ)_MiP
　　　　 | ≠   ≠   ≠
　　　　 H   H   H   H

　以上のように，Minor Phrase に H トーン削除規則が適用されることによって，小林方言とトルコ語において，疑問詞より後ろにピッチの上昇が生じないという現象が派生される。

　以下では，前出の (24) の H トーン削除規則によって，小林方言とトルコ語の現象がどのように派生されるのかを詳細に見る。なお，トルコ語については，小林方言や福岡方言など，これまで見てきた言語では観察されない現象がある。疑問詞よりも前に平らなピッチが生じるという現象である。疑問詞よりも前に起こる現象に関しては，H トーン削除規則は何も予測しない。この現象については，トルコ語に固有の規則を仮定する。

　3.2節では，小林方言とトルコ語に共通する問題を取り上げる。3.3節では，トルコ語に固有の問題を取り上げる。

3.2. 小林方言とトルコ語に共通する問題

3.2.1. 疑問のスコープとの関連について

　この 3.2.1 節では，ピッチの上昇と疑問のスコープに関連があることを，H トーン削除規則によって説明する。

　第 2 章では，疑問のスコープが文全体である直接疑問文と，埋め込み節である間接疑問文があり，それぞれピッチパターンが異なることを示した。下の (28a) は直接疑問文，(28b) は間接疑問文である。

第 3 章　疑問詞やフォーカスを含む文のピッチパターンの派生　　　　　　　　*131*

(28)　a. [ナオミ-ワ [ダィ-ガ ビール　　ノン-ダ チ]　　イマデン
　　　　　直美-TOP　　誰-NOM　ビール.ACC 飲む-PAST COMP　今でも

　　　　　オモ-チョット　ケ]
　　　　　思う-PROG　NZR　Q

　　　　＜直美は誰がビール飲んだって今でも思ってるの？＞

　　　b. [ナオミ-ワ [ダィ-ガ　ビール　　ノン-ダ カ]　イマデン
　　　　　直美-TOP　　誰-NOM　ビール.ACC 飲む-PAST Q　今でも

　　　　　オボェチョット　ヨ]
　　　　　覚える-PROG　NZR　よ

　　　　＜直美は誰がビール飲んだか今でも覚えてるよ＞

　(28a, b) の文では，Minor Phrase は (29) のように形成される。Minor Phrase は，疑問詞から，その疑問詞を束縛する [+wh] を持つ補文標識までで形成されるので，(28a) では疑問詞から文末まで，(28b) では疑問詞から埋め込み節末までとなる。Minor Phrase に H トーン削除規則が適用されることによって，(28a) では，文末までピッチの上昇が生じない，(28b) では，埋め込み節末までピッチの上昇が生じないという現象が導かれる。

(29)　a. (ナオミワ)_MiP (ダィガ ビール ノンダ チ イマデン オモチョット ケ)_MiP
　　　　　　│　　　　　│　　　╱　　╱　　　╱　　　　╱
　　　　　　H　　　　　H　　　H　　H　　　　H　　　H

　　　b. (ナオミワ)_MiP (ダィガ ビール ノンダ カ)_MiP (イマデン)_MiP (オボェチョットヨ)_MiP
　　　　　　│　　　　　│　　　╱　　╱　　　　│　　　　　│
　　　　　　H　　　　　H　　　H　　H　　　　H　　　　　H

　以上のように，H トーンの実現と疑問のスコープに関連があることは，H トーン削除規則が適用される Minor Phrase の形成が異なるからであると説明する。

3.2.2. 疑問詞を複数含む文
3.2.2.1. 問題の整理

この 3.2.2.1 節では，疑問詞を複数含む文のピッチパターンを，H トーン削除規則と，新たに仮定する Minor Phrase 形成に課される制約によって説明する。

第 2 章では，(30a) のように，二つの疑問詞が一つの節に含まれる文と，(30b, c) のように，異なる節に含まれる文のピッチパターンを観察した。

(30) a. [CP WH1 ... WH2 ... C1, 2]
　　 b. [CP WH1 ... [CP ... WH2 ... C2] ... C1]
　　 c. [CP [CP WH2 ... C2] ... WH1 ... C1]

(30b) では小林方言とトルコ語に共通する現象が見られる。一方，(30a) と (30b) では異なる現象が見られる。本節では，両言語に共通する現象と小林方言に見られる現象を取り上げて問題の整理を行う。その上で，トルコ語に固有の現象を 3.4 節で取り上げる。

(30a) では二つの疑問詞にピッチの上昇が生じる。(30b) では，主節の疑問詞にはピッチの上昇が生じるが，埋め込み節の疑問詞にはピッチの上昇が生じない。(30c) では，埋め込み節の疑問詞にも主節の疑問詞にもピッチの上昇が生じる。このような現象を分析する。はじめに，(30a) に相当する文のピッチパターンを見る。どちらの疑問詞にもピッチの上昇が生じる。そして，一つ目の疑問詞の後ろにある「ノミヤデ」「ナオヤト」と，二つ目の疑問詞の後ろにある「ノンダトケ」にはピッチの上昇が生じない。

(31) [CP ダィ-ガ　ノミヤ-デ　ナオヤ-ト　ナユ　ノン-ダ　ト　ケ]
　　　誰-NOM　飲み屋-LOC　直也-with　何.ACC　飲む-PAST　NZR　Q
　　＜誰が飲み屋で直也と何飲んだの？＞

(31) の文では，二つの疑問詞「ディガ」と「ナユ」は，どちらも同じ補文標識「ケ」に束縛されている。疑問詞からそれを束縛する補文標識までで一つの Minor Phrase が形成されると考えると，Minor Phrase は (32a) のように形成されていると考えられる。しかし，事実は，Minor Phrase は (32b) のように形成されていると考えなければならない（これについては，3.2.2.2 節で述べる）。

(32) a. (ディガ　ノミヤデ　ナオヤト (ナユ　ノンダト　ケ)_{MiP})_{MiP}
　　　b. (ディガ　ノミヤデ　ナオヤト)_{MiP} (ナユ　ノンダト　ケ)_{MiP}

(32b) に H トーン削除規則が適用されると (33) が導かれる。

(33)　　(ディガ　ノミヤデ　ナオヤト)_{MiP} (ナユ　ノンダト　ケ)_{MiP}
　　　　　　|　　　　≠　　　　≠　　　　　|　　　　≠
　　　　　　H　　　　H　　　　H　　　　H　　　　H

次に，前出の (30b) に相当する文のピッチパターンを見る。主節にある疑問詞「ディガ」にピッチの上昇が生じるが，埋め込み節にある疑問詞「ナユ」にはピッチの上昇が生じない。主節にある疑問詞より後ろでは，文末までピッチの上昇が生じない。

(34)　[_{CP} ディ-ガ [_{CP} ナオヤ-ガ　ノミヤ-デ　ナユ　　ノン-ダ カ]
　　　　　　誰-NOM　　直也-NOM　飲み屋-LOC　何.ACC　飲む-PAST Q
　　　　オボェ-チョッ　ト　ケ]
　　　　覚える-PROG　NZR　Q
　　　＜誰が直也が飲み屋で何を飲んだか覚えてるの？＞

この文では，主節の疑問詞「ディガ」と埋め込み節の疑問詞「ナユ」は，異なる補文標識に束縛されている。「ディガ」は「ケ」に，「ナユ」は「カ」に束縛される。疑問詞からそれを束縛する補文標識までで一つの Minor Phrase が形成されると考えると，Minor Phrase は，(35a) のように形成されていると考えられる。しかし，事実は，Minor Phrase が (35b) のように形成されていると考えなければならない（これについては，3.2.2.2 節で述べる）。

(35) a. (ディ-ガ ナオヤガ ノミヤデ (ナユ ノンダ カ)_MiP
    　　オボェチョット ケ)_MiP
　　 b. (ディ-ガ ナオヤガ ノミヤデ ナユ ノンダ カ
    　　オボェチョット ケ)_MiP

(35b) に H トーン削除規則が適用されると (36) が導かれる。

(36) 　(ディガ ナオヤガ ノミヤデ ナユ ノンダ カ
    　　　 | ≠   ≠   ≠   ≠
    　　　 H   H   H   H   H
    　　オボェチョット ケ)_MiP
    　　　　　　　　≠
    　　　　　　　　H

最後に，前出の (30c) に相当する文のピッチパターンを見る。(30b) の埋め込み節が文頭にある例である。主節にある疑問詞「ディガ」，埋め込み節にある疑問詞「ディニ」にもピッチの上昇が生じる。また，主節の要素であり，かつ，疑問詞より前の「マユミワ」「イエデ」にもピッチの上昇が生じる。

第 3 章　疑問詞やフォーカスを含む文のピッチパターンの派生　　　　*135*

(37)　[CP [CP ダィ-ガ　ビール　ノン-ダ カ]　マユミ-ワ　イエ-デ
　　　　　　誰-NOM　ビール.ACC　飲む-PAST Q　真由美-TOP　家-LOC

　　　ダィ-ニ　カタッ-タ　ト　ケ]
　　　誰-DAT　話す-PAST　NZR　Q

　　＜誰がビール飲んだか真由美は家で誰に話したの？＞

　この文では，埋め込み節の疑問詞「ダィガ」と主節の疑問詞「ダィニ」は，異なる補文標識に束縛されている。「ダィガ」は「カ」に，「ダィニ」は「ケ」に束縛される。疑問詞からそれを束縛する補文標識までで一つの Minor Phrase が形成されると考えると，Minor Phrase は，(38) のように形成されていると考えられる（これについては，3.2.2.2 節で述べる）。

(38)　(ダィガ ビールノンダ カ)_MiP (マユミワ)_MiP (イエデ)_MiP (ダィニ
　　　カタッタトケ)_MiP

(38) に H トーン削除規則が適用されると (39) が導かれる。

(39)　(ダィガ ビールノンダ カ)_MiP (マユミワ)_MiP (イエデ)_MiP (ダィニ
　　　 |　 ≠　 ≠　　　　　 |　　　 |　　　 |
　　　 H　H　H　　　　　　 H　　　H　　　H
　　　カタッタ ト ケ)_MiP
　　　　　　　 ≠
　　　　　　　 H

以上の三つの例を以下に図式化する。

(40)　a. [CP WH1 ... WH2 ... C1, 2]
　　　　（WH1　　）（WH2　　　）

b. [$_{CP}$ WH1 ... [$_{CP}$ ... WH2 ... C2] ... C1]
(WH1   WH2   )

c. [$_{CP}$ [$_{CP}$ WH2 ... C2] ... WH1 ... C1]
(WH2   )( )(WH1   )

3.2.2.2. 詳細な定式化

上の (40c) に関しては，これまでに仮定していた Minor Phrase の形成によって派生される。WH2 から C2 まで，WH1 から C1 まででそれぞれ Minor Phrase が形成される。ただし，(40a) と (40b) では，予測される Minor Phrase の形成と実際には違いがある。Minor Phrase の形成には制限が課されていると考える必要がある。次の (41) に，予測される Minor Phrase の形成と，実際の形成を図示する。

(41) a.   [$_{CP}$ WH1 ... WH2 ... C1, 2]
予測：*(WH1   (WH2   ))
実際：(WH1   )(WH2   )

b.   [$_{CP}$ WH1 ... [$_{CP}$ ... WH2 ... C2] ⋯ C1]
予測：*(WH1   (WH2   )   )
実際：(WH1   WH2   )

(41a) と (41b) に共通するのは，どちらも，一つの Minor Phrase にもう一つの Minor Phrase が含まれている構造を予測し，実際と異なっているという点である。このような構造に対する制限は，Selkirk (1986) によって仮定されている厳密階層仮説によるものであると考えることができる。厳密階層仮説は，同一の韻律範疇が循環的に形成されることを禁じている。序論の 6.2 節に挙げた制約である。下に再掲する。

(42) Nonrecursivity:
　　　　j = i のとき，C^i は C^j を支配してはならない。

　つまり，(41) で示したような，一つの Minor Phrase にもう一つの Minor Phrase が含まれている構造は，韻律構造として許されないのである。
　(41a) のように，二つの疑問詞が異なる Minor Phrase に分かれる場合と，(41b) のように，一つの Minor Phrase に含まれる場合があることを説明しなければならない。(41a) と (41b) の違いは，前者では，二つの疑問詞が同一の補文標識に束縛されているのに対し，後者は，二つの疑問詞が異なる補文標識に束縛されているという点である。このことは，Minor Phrase 形成の際に，疑問詞に振られた指標を参照していると仮定して説明する。下の (43) の制約を仮定する。

(43) 　同一指標を持つ疑問詞は一つの Minor Phrase に含まれてはならない。

　(43) の制約が課されることによって，二つの疑問詞を含む文において，それらが同一節内にある場合は，二つの疑問詞にピッチが生じるが，それらが異なる節にある場合は主節の疑問詞にのみピッチの上昇が生じるという事実を説明する。

(44) 　a. [$_{CP}$ WH1 ... WH2 ... C1, 2]
　　　　　(WH1$_i$ ...) (WH2$_i$ ...　C$_i$)

　　　b. [$_{CP}$ WH1 ... [$_{CP}$ ... WH2 ... C2] ... C1]
　　　　　(WH1$_i$ ...　 ... 　WH2$_{ii}$ ... C$_{ii}$ ... C$_i$)

　以上，疑問詞を二つ含む文のピッチパターンを，(24) の H トーン削除規則と，新たに仮定した (43) の Minor Phrase 形成に課される制約によって説明した。

3.3. フォーカスを含む文における Minor Phrase の形成について

これまで，疑問詞を含む文のピッチパターンにのみ言及してきた。ただし，第2章の1.2節で述べたように，小林方言とトルコ語では，フォーカスを含む文でも，疑問詞を含む文と同様のピッチパターンが観察される。この3.3節では，フォーカスを含む文のピッチパターンが疑問詞を含む文のピッチパターンと同じであることを確認し，分析を行う。

はじめに小林方言の例を見る。(45a) が疑問詞を含む文，(45b) がフォーカスを含む文である。(45b) は，(45a) の質問に対する回答である。(45a) では，疑問詞より後ろに高いピッチが生じておらず，(45b) では，フォーカスより後ろに高いピッチが生じていない。

(45)　a. 疑問詞を含む文

　　　　ダィ-ガ　　　ビール　　　ノン-ダ　　ト　ケ
　　　　誰-NOM　　　ビール.ACC　飲む-PAST NZR　Q

　　　＜誰がビール飲んだの？＞

　　　b. フォーカスを含む文

　　　　ナオヤ-ガ　ビール　　　ノン-ダ-ッ　　　ジャイ　ヨ
　　　　直也-NOM　ビール.ACC　飲む-PAST-NZR　COP　よ

　　　＜直也がビール飲んだんだよ＞

次に，トルコ語の例を見る。(46a) が疑問詞を含む文，(46b) がフォーカスを含む文である。(46b) は，(46a) の質問に対する回答である。(46a) では，疑問詞より後ろに高いピッチが生じておらず，(46b) では，フォーカスより後ろに高いピッチが生じていない。

(46)　a. 疑問詞を含む文
　　　　　KİM　　anne-m-e　　　　haber-i　　　söyle-miş？
　　　　　誰.NOM 母-POSS.1sg-DAT ニュース-ACC 話す-PF.3sg

　　　　＜誰が母にそのニュースを話したの？＞

　　　b. フォーカスを含む文
　　　　　baBA-M　　　　　anne-m-e　　　　haber-i　　　söyle-miş.
　　　　　父-POSS.1sg.NOM 母-POSS.1sg-DAT ニュース-ACC 話す-PF.3sg

　　　　＜父が母にそのニュースを話したんだよ＞

　以上で示したとおり，両言語では，疑問詞を含む文とフォーカスを含む文において，同様のピッチパターンが生じる。このことから，フォーカスを含む文においても，疑問詞を含む文と同様に Minor Phrase が形成され，H トーン削除規則が適用されていると分析することが可能である。

　本研究では，Kubo (2005) に基づき，疑問詞から，それを束縛する [+wh] を持つ補文標識までが一つの Minor Phrase を形成すると仮定した。しかし，このままでは，小林方言とトルコ語において，疑問詞を含む文とフォーカスを含む文において，同様のピッチパターンが生じることが説明できない。そこで，本研究では，疑問詞とフォーカス，補文標識について，以下のことを仮定する。

　疑問詞は [+wh] を持ち，フォーカスは [+foc] を持っている。小林方言とトルコ語の音韻論では，Minor Phrase は，[+wh] あるいは [+foc] を持つ要素から，それを束縛する補文標識までで形成される。疑問詞は，[+wh] を持つ補文標識によって束縛され，フォーカスは，[+foc] を持つ補文標識に束縛される。以上のような仮定をした上で，小林方言とトルコ語における Minor Phrase 形成規則を以下のように提案する。

(47)　Minor Phrase 形成規則：
　　　[+wh] や [+foc] を持つ要素から，それを束縛する補文標識までで，一つの Minor Phrase を形成せよ。

なお，疑問詞を含む文とフォーカスを含む文において，異なるピッチパターンが生じる福岡方言や釜山方言の音韻論では，Minor Phrase 形成には［+wh］のみが関わると考える。また，東京方言については，Ishihara (2003) が，疑問詞を含む文とフォーカスを含む文において，同じピッチパターンが観察されることを述べている。従って，東京方言では，小林方言やトルコ語と同様に，Minor Phrase 形成に［+wh］と［+foc］の二つの素性が関わると考える。

3.4. トルコ語に固有の問題

3.4.1. 平らなピッチの実現について

第 2 章の 3 節では，トルコ語において，文頭から疑問詞の直前まで，平らなピッチが続くことを観察した。(48) に例示する。

(48) anne-m　　　haber-i　　 KİM-E　söyle-miş ?
　　 母-POSS.1sg.TOP ニュース-ACC 誰-DAT 話す-PF.3sg
　　 ＜母はそのニュースを誰に話したの？＞

この現象は，(24) の H トーン削除規則では説明ができない。なぜならば，H トーン削除規則は Minor Phrase に適用されるため，疑問詞よりも前に生じる現象について何も予測しないからである。平らなピッチは，H トーン削除規則とは異なる規則によって派生されていると考えなければならない。

次に考えなければならないのは，規則の適用領域がどのように規定されるかという問題である。この現象の起こる範囲は，Minor Phrase によっても，統語的構成素によっても規定することはできない。統語的構成素によって規定することができないということは，Göksel et al. (2009) で指摘されており，本書でも第 2 章の 3.2.1 節で確認した。(49) は，Göksel et al. (2009) で示されている例である。(50) は，第 2 章の 3.2.1 節で示した例である。

(49) [CP [CP Biz dün   sinema-da film   seyr-ed-er-ken]   Ayla
       私たち 昨日 映画館-LOC 映画.ACC 観る-AUX-AOR-ADV アイラ.NOM

   ki̇m-i̇ gör-müş]？
   誰.ACC 見る.PF.3sg

   ＜私たちが昨日映画館で映画を観ているとき，アイラは誰を見かけたの？＞

                        (Göksel et al. 2009, p. 253, (4a), (5a) に基づく)

(50) a. [CP [CP abla-m-ın   bura-ya gel-diğ-i-ni]
          姉.POSS.1sg-GEN ここ-DAT 来る-VN-POSS.3sg-ACC

    baba-m-a   ki̇m   söyle-miş]？
    父-POSS.1sg-DAT 誰.NOM 話す-PF.3sg

    ＜姉がここに来たことを父に誰が話したの？＞

  b. [CP anne-m   [CP bura-ya ki̇m-i̇n gel-diğ-i-ni]
       母-POSS.1sg.TOP ここ-DAT 誰-GEN 来る-VN-POSS.3sg-ACC

    baba-m-a   söyle-miş]？
    父-POSS.1sg-DAT 話す-PF.3sg

    ＜母はここに誰が来たことを父に話したの？＞

以上の現象について，以下の二つの問題を議論する。

(51) a. どのような規則によって派生されるのか
    b. 規則の適用領域はどのように規定されるのか

はじめに Göksel et al. (2009) の分析の概要を述べ，その問題点を指摘する。ただし，現時点では，それに代わる分析案を提示するには至っていない。分析の可能性を述べるに留める。

3.4.2. Göksel, Kelepir and Üntak-Tarhan (2009) の分析の概要と問題点

　Göksel et al. (2009) は，疑問文全体のイントネーション曲線を，意味に基づいて分析する。平らなピッチは，イントネーション曲線の一部を成す構成素として考えられている。この分析に基づくと，疑問文のイントネーション曲線は，二つの構成要素に分かれており，それぞれが意味との対応関係を持つと考えられている。一つ目は，圧縮されたピッチ，二つ目は，それに続く「高いピッチ（H*）＋文末の上昇（LH%），もしくは下降（L%）」という曲線である。圧縮されたピッチとは，本書で言う「平らなピッチが続く」部分のことである。それに続くピッチは，本書で言う，「疑問詞に高いピッチが生じ，それより後ろではピッチの上昇が起こらない」部分のことである。

　Göksel et al. (2009) は，圧縮されたピッチは，「回答の要求（prompt-for-a-response）」という意味に対応していると分析している。圧縮されたピッチによって，発話された文の文タイプが陳述ではなく質問であることが示される。それに続く曲線は，フォーカスに結びついている H* と，それに後続する LH% と L% である。回答として具体的な内容を要求している場合は LH% が，回答として許容／否定を要求する場合は L% が H* に続く。例えば，疑問詞疑問文では，圧縮されたピッチが生じ，それに H*LH% が続く。H* は，疑問詞疑問文のフォーカスとなる疑問詞と結びつく。そのとき，H* が疑問詞内のどの音節に連結されるかは，第 2 章で議論したとおり，韻律語レベルで決定される。以下のように図示することができる。

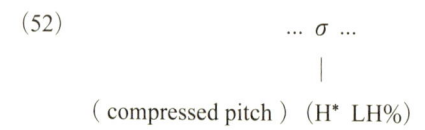

(52) 　　　　　　　　　… σ …
　　　　　　　　　　　　｜
　　　　　（ compressed pitch ）（H* LH%）

　Göksel et al. (2009) の分析に従えば，前出の (48) のイントネーション曲線は，次の (53) のように二つの構成要素から成ると考えられる。二つの構成要素の境界は，*kime* ＜誰に＞の内部にある。

(53) (anne-m　　　haber-i　　ki)(M-E　söyle-miş)?
　　　母-POSS.1sg.TOP ニュース-ACC 誰-DAT　　話す-PF.3sg

　　＜母はそのニュースを誰に話したの？＞

　Göksel et al. (2009) は，このように，圧縮されたピッチが生じる範囲と，それに続くイントネーション曲線（H*LH%）が生じる範囲は，統語的構成素によって規定することはできないと述べている。イントネーション曲線は意味論や語用論と対応関係を持つのであり，統語論とは無関係であるため，当然それが生じる範囲を統語論に基づいて規定することは不可能であると述べる。さらに，一つの語内部に境界があることから，韻律語や，それより大きな韻律範疇と一致することもないと指摘する。

　前出の (51) の問題について，Göksel et al. (2009) がどのように答えているのかを確認する。まず，(51a) の問題を取り上げる。圧縮されたピッチは，「回答の要求」という意味に対応する tune[11] としてレキシコンに登録されている可能性を示唆している。この考え方に従えば，疑問文には，tune 指定規則によって，レキシコンに登録された tune（ここでは，圧縮されたピッチ）が指定されていると考えられる。しかし，Göksel et al. (2009) では，どのような規則を仮定しているのか，また，どのような派生の過程を想定しているのかが明らかでない。次に，(51b) の問題を取り上げる。圧縮されたピッチが生じる範囲は「文頭から H* を担う音節の直前まで」としており，これを統語的構成素，あるいは韻律範疇によって規定することは不可能であると述べている。

　以上で述べたとおり，Göksel et al. (2009) は，問題となる現象がどのように派生されるのかということには言及しておらず，そのため，(51a) と (51b) の問題は十分に考察されていない。

3.4.3. 分析の可能性

　はじめに前出の (51a) の問題を取り上げる。Göksel et al. (2009) では，そ

---

11) tune とは，特定の意味を表し，一つ以上のトーンから成るメロディーのことである。

の指定については述べられていないが，疑問文には，「回答の要求」という意味に対応する圧縮されたピッチが指定されると主張されている。まず，この主張に経験的な問題があることを指摘する。問題となるのは，下の（54）のように，間接疑問文においても，圧縮されたピッチが生じるということである。間接疑問文が「回答の要求」という意味を持つ，つまり陳述ではなく，質問であると考えるのは難しい。

(54) [CP anne-m   [CP bura-ya kiM-iN gel-diğ-i-ni]
 母-POSS.1sg.TOP ここ-DAT 誰-GEN 来る-VN-POSS.3sg-ACC

baba-M-A   söyle-miş].
父-POSS.1sg-DAT 話す-PF.3sg

＜母はここに誰が来たかを父に話した＞

本研究では，圧縮されたピッチ，すなわち平らなピッチは，レキシコンに登録された一つの tune ではなく，連結された H トーンの音声的な実現に対する規則や制約によってピッチのピークが強く圧縮された結果生じていると分析する。この現象に関わる問題について議論する。規則や制約は，疑問詞やフォーカスが含まれる文に働くものであり，「回答の要求」といった意味に対応するものではないと考える。このように考えることは，上の（54）において平らなピッチが生じることに矛盾しない。（54）の文に疑問詞 *kim-in* ＜誰が＞が含まれているため，平らなピッチが生じると言える。ただし，この平らなピッチを導く規則・問題について議論する。制約が具体的にどのようなものであるかについては，今後の課題とする。

次に，(ii) の問題を取り上げる。Göksel et al. (2009) は，圧縮されたピッチが一つの tune である可能性を示唆した上で，tune が指定される範囲は，統語的構成要素や韻律範疇によって規定することはできないと述べている。確かに，圧縮されたピッチを一つの tune であると仮定すると，語内部にその境界があることになる。そうなると，tune が指定される範囲は，統語的にも音韻的にも規定することはできないことになる。

本研究では，上述したとおり，平らなピッチを，連結された H トーンの音

声的な実現に対する規則や制約によって生じるものであると分析する。このような分析をすることによって，少なくとも，前出の (53) のように，韻律語内部に境界が存在するとは考える必要がなくなる。問題となる現象を (55) のように記述する。

(55) 文頭から，疑問詞を含む韻律語の直前の韻律語まで，ピッチの圧縮が生じる。

下の (56) に図示する。

(56) (annem)_PW (haberi)_PW (kiME)_PW (söyledi)_PW
　　　　　|　　　　　　|　　　　　　|
　　　　　H　　　　　　H　　　　　　H

以上，トルコ語に特有の現象について議論し，Göksel et al. (2009) の分析に対し，経験的な問題点を指摘した。そして，分析の方向性を示した。今後，規則の定式化と，その妥当性を検討する。

続いて，疑問詞を複数含む文におけるピッチパターンを見る。ここでも，小林方言とは異なるトルコ語固有の現象が見られる。(57a) では，一つ目の疑問詞にのみピッチの上昇が生じるということ，(57b) では，埋め込み節の疑問詞が主節の疑問詞に先行する場合，埋め込み節の疑問詞にピッチの上昇が生じないことである[12]。

(57)　a. [_CP ... WH1 WH2 ... C1, 2]
　　　b. [_CP [_CP WH2 ... C2] ... WH1 ... C1]

---

12) [WH [... WH ...] ...] のように，主節の疑問詞が埋め込み節の疑問詞に先行する場合，埋め込み節の疑問詞にはピッチの上昇が生じない。このことは，小林方言と同様に，H トーンの削除規則によって説明される。

はじめに，これまでの仮定によって (57b) に見られる現象がどのように導かれるかを述べる。(57b) に対応するのは (58) である。

(58) [CP [CP kim-in bura-ya gel-dig̈-i-ni] anne-m-e
      誰-GEN ここ-DAT 来る-VN-POSS.3sg-ACC 母-POSS.1sg-DAT
      KİM söyle-miş [φ]?
      誰.NOM 話す-PF.3sg

   〈誰がここに来たか母に誰が話したの？〉

この文では，埋め込み節の疑問詞 *kim-in* 〈誰が〉と主節の疑問詞 *kim* 〈誰が〉は，異なる補文標識に束縛されている。*kim-in* は ǧ に，*kim* は φ に束縛されている。(47) の Minor Phrase 形成規則に基づくと，[+wh] を持った疑問詞からそれを束縛する補文標識までで一つの Minor Phrase が形成されると考えると，Minor Phrase は，(59) のように形成されていると考えられる。

(59) (kimin buraya geldig̈ini)MiP (anneme)MiP (KİM söylemiş [φ])MiP ?

(59) に H トーン削除規則とピッチの圧縮を導く規則が適用されると，下の (60) が導かれる。小林方言と同様に，埋め込み節の疑問詞 kimin と主節の要素であり，かつ，疑問詞より前の *anne-m-e* の H トーンは削除されないが，ピークの圧縮が起こるため，実際は平らなピッチとして実現すると分析する。

(60) (kimin buraya geldig̈ini)MiP (anneme)MiP (KİM söylemiş [φ])MiP ?
      | ≠ | ≠ ≠ | | ≠
      H   H H H H   H   H

次に，(57a) に見られる現象がどのように導かれるかを述べる。(57a) に対応するのは (61) である。トルコ語では，同一節内に二つの疑問詞が生起する場合，次のような特徴が観察される。一つは，疑問詞は隣接して生起する

という特徴である。

(61) a. haber-i　|KİM|　|kim-e|　söyle-miş?
　　　ニュース-ACC 誰.NOM 誰-DAT 話す-PF.3sg

　　＜ニュースを誰が誰に話したの？＞

　　b. *|kim|　haber-i　|kime|　söyle-miş?
　　　誰.NOM ニュース-ACC 誰-DAT 話す-PF.3sg

もう一つは，隣接した疑問詞において，一番目の疑問詞にのみピッチの上昇が生じるという特徴である。

(62) a. haberi　|KİM|　|kim-e|　söyle-miş？
　　b. *haber-i　|KİM|　|KİM-E|　söyle-miş？

　二つの疑問詞に見られるこのような特徴は，トルコ語の複合語の特徴と一致する[13]。トルコ語には一つの節内に複数の疑問詞が生起することが制限されていると考えられる。そのように見える文では，疑問詞がレキシコンにおいて複合語となっていると仮定する。このように仮定することによって，上で見た二つの特徴を関連付けて矛盾なく説明することができる[14]。
　二つの疑問詞の連続を複合語として分析することの利点がもう一つある。もし二つの疑問詞がそれぞれ異なる韻律語を成すと分析すると (62a) の二つの疑問詞は同一指標を持つため，一つの Minor Phrase に含まれず，Minor Phrase は (62) のように形成されるはずである。しかし，二番目の疑問詞 *kime* にはピッチの上昇が生じない。つまり，kime には H トーンが連結されていないということである。このことは，H トーン削除規則の反例のように見える。

---

13) 複合語のピッチパターンについては，第 1 章の 3.3.2 節で議論した。
14) このような仮定が妥当であることを検証するためには，隣接した二つの疑問詞が複合語としての特徴を備えていることを示す必要がある。今後，共起制限の有無や生産性などを調べ，この仮定を支持するデータを提示したい。

(63)　*(haberi) (KİM i) (KİME i söylemiş ϕ i) ?

このような問題について，二つの疑問詞 *kim kim-e*（誰が誰に）を一つの複合語と仮定することにより，*kim kim-e* が一つの韻律語を成しているため，二番目の疑問詞にHトーンが連結されていないと説明ができる。Hトーン削除規則の例外ではない。

(64)　(haberi) (KİM kime i söylemiş ϕ i) ?

4．第3章のまとめと考察

　本章では，小林方言とトルコ語において，疑問詞やフォーカスを含む文のピッチパターンがどのような規則によって派生されるのか，という問題を議論した。はじめに，規則の適用領域となる韻律範疇の形成について論じた。本研究では，Kubo (2005) の分析を取り入れ，Minor Phrase は，統語素性や束縛関係を参照して形成されると仮定した。

(47)　Minor Phrase 形成規則：
　　　［+wh］や［+foc］を持つ要素から，それを束縛する補文標識までで，一つの Minor Phrase を形成せよ。

　次に，小林方言とトルコ語において，Minor Phrase に適用される規則として，Hトーン削除規則を提案した。この規則が適用されることによって，ピッチの上昇が生じないという現象が導かれる。

(24)　Hトーン削除規則：
　　　Minor Phrase 内で，初頭のHトーン以外のHトーンをすべて削除せよ。

　さらに，疑問詞を二つ含む文のピッチパターンについても言及した。

Minor Phrase の形成に，(43) の制約を仮定することで説明した。

(43)　同一指標を持つ疑問詞は一つの Minor Phrase に含まれてはならない。

　最後に，トルコ語において，疑問詞よりも前に生じる平らなピッチがどのように派生されるのかを議論した。Göksel et al. (2009) は意味に基づいた分析を行い，平らなピッチは，「回答の要求」という意味と対応して実現すると述べた。このような分析について，いくつかの問題点を指摘した。本研究では，平らなピッチを，連結された H トーンの音声的な実現に対する規則や制約によって生じるものであると分析し，(55) のように記述を行った。

(55)　文頭から疑問詞を含む韻律語の直前の韻律語まで，ピッチの圧縮が生じる。

ピッチの圧縮という現象を導く規則の定式化は今後の課題とした。

結　　論

1．本書のまとめ

　本研究では，「一型アクセント」という共通の韻律的特徴を持つ，小林方言とトルコ語のピッチパターンを記述し，それを生み出す仕組みについて議論した。はじめに，両言語を特徴付ける一型アクセントがどのように実現するのかを詳細に記述し，それを派生する規則を提案した。次に，疑問詞やフォーカスを含む文のピッチパターンを記述し，両言語における共通点と相違点を指摘した。両言語に共通する現象は多くの言語において見られることから，これを言語の一般的な特性として捉え，他の言語と比較・対照しながらそれを派生する規則を提案した。以下では，それぞれの現象を簡単にまとめ，これまでに仮定した規則を再掲する。

　まずは，一型アクセントの実現に関わる規則について述べる。小林方言とトルコ語は，基本的に，語や文節の最終音節に高いピッチが生じる。語や文節といった単位を，韻律語という韻律範疇として規定し，その形成規則（1）を提案した。(1)は小林方言とトルコ語に共通する規則である。

(1)　韻律語形成規則：
　　　韻律語：{左；語彙語}
　　　（＝語彙語の左境界と韻律語の左境界をそろえよ。）

（第1章 (35), (80), (92)）

　高いピッチは，HトーンがTBUに連結されることによって生じると分析し

た。小林方言には，(2) のHトーン連結規則を提案した。

(2) 小林方言のHトーン連結規則：
　　Hトーンを，韻律語の右境界に隣接する音節に連結せよ。

(第1章 (30))

一方，トルコ語には，小林方言とは異なり，アクセントが指定されている外来語や地名，いくつかの接辞が存在する。これらのアクセントの実現を考察し，トルコ語には (2) とは若干異なる (3) のHトーン連結規則を提案した。

(3) トルコ語のHトーン連結規則：
　　アクセントが指定された音節があれば，Hトーンをそれに連結せよ。
　　そうでなければ，韻律語の右境界に隣接する音節に連結せよ。

(第1章 (64))

ここで重要なのは，両言語において，同一の韻律語形成規則が働いているという点である。どちらも投射ゼロレベルである「語彙語」という統語範疇に言及して韻律語が形成される。

　次に，疑問詞やフォーカスを含む文のピッチパターンの実現に関わる規則について述べる。両言語では，(i) 疑問詞やフォーカスよりも後ろではピッチの上昇が生じない，(ii) この (i) の現象は，疑問のスコープによってどこまで続くかが異なる，ということを記述した。疑問のスコープが文全体である直接疑問文では，文末まで続く。一方，疑問詞のスコープが埋め込み節である間接疑問文では，埋め込み節末まで続く。まず，ピッチの上昇が生じないという現象を派生する規則として，両言語に共通する (4) のHトーン削除規則を提案した。この規則によって，(2) や (3) で一旦連結されたHトーンが削除されることになる。

(4) H トーン削除規則：
　　　Minor Phrase 内で，初頭の H トーン以外の H トーンをすべて削除せよ。
(第 3 章 (24))

問題となるのは，(4) の H トーン削除規則の適用領域となる Minor Phrase がどのように形成されるのか，という点である。本研究では，Kubo (2005) の分析を取り入れ，Minor Phrase が統語素性や，束縛関係などの統語的情報を参照して形成されると仮定した。そして，以下の (5) の規則によって，小林方言とトルコ語の現象 (i) と (ii) を説明することが可能となることを示した。

(5) Minor Phrase 形成規則：
　　　[+wh] や [+foc] を持つ要素から，それを束縛する補文標識までで，一つの Minor Phrase を形成せよ。
(第 3 章 (47))

　本研究では，小林方言とトルコ語のピッチパターンを生み出す仕組みを議論する過程で，言語の普遍的な特性と個別言語の特性についても言及した。まず，両言語の共通点と相違点を指摘することによって，一型アクセント言語が持つ特性と，それぞれの言語が持つ固有の特性を明らかにした。一型アクセント言語の持つ特性は，小林方言とトルコ語に共通する (1) と (4) の規則，類似する (2) と (3) の規則によって導かれるものであることを述べた。
　次に，文中の疑問詞やフォーカスが音声的に卓立するという現象を取り上げ，言語の普遍的な特性を探った。小林方言とトルコ語の記述を行うだけでなく，これまでに行われてきた東京方言や福岡方言の記述も概観し，音声的な実現はそれぞれ異なるが，どの言語にも類似した特徴が見られることを示した。それは，疑問詞やフォーカスを含む文において見られる特徴的なピッチパターンが生じる範囲が，疑問のスコープと関連しているということである。このことは，(5) の規則によって導かれる。この規則は，小林方言やト

ルコ語と同じく，疑問詞を含む文とフォーカスを含む文において同様のピッチパターンが生じる東京方言においても適用されると考えられる。一方，二つの文で異なるピッチパターンが生じる福岡方言や釜山方言では，Minor Phrase の形成には［+wh］のみが関わると考えられる。以上のように，言語間の変異を Minor Phrase 形成規則において参照される統語素性の相違によって説明した。

2．今後の課題

　本研究では十分に議論できなかった問題が，今後の課題として残っている。以下に，二つ述べる。

　一つ目は，Minor Phrase の形成に関わる問題である。上述したように，Minor Phrase は，統語的素性を参照して形成されると仮定している。現時点では，Minor Phrase の形成に，［+wh］のみが参照される言語と，［+wh］と［+foc］が区別されず，その両方が参照される言語があると考えている。前者は，福岡方言と釜山方言など，後者は，小林方言とトルコ語，東京方言などである。

　韻律範疇がどのような統語的情報を参照して形成されるのか，という問題に注目すると，参照できる素性は［+wh］や［+foc］に限られるのか，という疑問が生じる。また，言語ごとに参照される素性は異なるのか，という疑問も生じる。今後は，これらの疑問に答えるため，様々な言語において，疑問詞やフォーカスを含む文のピッチパターンがどのように実現するのかを考察する。

　二つ目は，トルコ語において観察される，文頭から疑問詞の直前まで続く，平らなピッチに関わる問題である。この問題については，これまで取り上げている研究も少なく，現象に対する考察がまだ十分に行われていない。本書では，同じ現象を対象として分析を行った Göksel et al. (2009) の問題点を指摘するに留まり，それに代わる分析を提案するには至らなかった。問題となる現象について，(6) のように記述を行った。

(6) 文頭から疑問詞を含む韻律語の直前の韻律語まで，ピッチの圧縮が生じる。

(第 3 章 (55))

今後，この現象を派生する規則を定式化し，その規則の適用領域が，どのように規定されるのかを明らかにする必要がある。

　疑問詞やフォーカスを含む文において，それらよりも前に生じる現象については，これまで，あまり注目されてこなかった。今後は，トルコ語の考察を深めると共に，同様の特徴を持つ言語があれば，トルコ語との比較・対照も行いたい。疑問詞やフォーカスの音声的な実現には，いくつかのバリエーションがあるように見える。トルコ語で観察される，疑問詞より前に生じる平らなピッチもその一つである。このような現象についても，より一般的な分析を提案することを目指す。

参照文献

Beckman, Mary E. (1986) *Stress and non- stress accent*. Dordrecht: Foris.
Chen, Ming (1987) The syntax of phonology: Xiamen tone sandhi. *Phonology yearbook* 4: 109-149.
Chomsky, Noam (2000) Minimalist inquiries: The framework. In: Roger Martin, David Michaels, and Juan Uriagereka (eds.) *Step by step: In honor of Howard Lasnik*: 85-155. Cambridge, MA: MIT Press.
Chomsky, Noam (2001) Derivation by phase. In: Michael Kenstowicz (ed.) *Ken Hale: A life in language*: 1-52. Cambridge, MA: MIT Press.
Demircan, Ömer (1980) *Yabancı dil öğretimi açısıdan İnglizce'nin vurgulama düzeni*. Doctoral dissertation. İstanbul University.
福盛貴弘 (2010)「トルコ語のアクセントについて」『言語研究』137: 41-63.
Göksel, Aslı, Meltem Kelepir and Aslı Üntak-Tarhan (2009) Decomposition of question intonation: The structure of response seeking utterances. In: Janet Grijzenhout and Barış Kabak (eds.) *Phonological domains: Universals and deviations*: 249-286. Berlin: Mouton de Gruyter.
Hamblin, Charles L. (1973) Questions in Montague grammar. *Foundations of Language* 10: 41-53.
Haraguchi, Shosuke (1977) *The tone pattern of Japanese: An autosegmental theory of tonology*. Tokyo: Kaitakusha.
橋本進吉 (1959)『国文法体系論』東京：岩波書店.
早田輝洋 (1985)『博多方言のアクセント・形態論』福岡：九州大学出版会.
Hayes, Bruce (1989) The porosodic hierarchy in meter. In: Paul Kiparsky and Gilbert Youmans (eds.) *Phonetics and Phonology 1: Rhythm and Meter*: 201-260. Orlando: Academic Press.
平山輝男 (1936)「南九州アクセントの研究（二）」『方言』6-5: 50-63.
平山輝男 (1951)『九州方言音調の研究』東京：学界之指針社.
平山輝男 (1974)「諸県方言の音調研究」『音声学世界論文集』(『九州方言考④』に再録): 252-259.
Hirotani, Masao (2005) *Prosody and LF interpretation*. Doctoral dissertation. University of Massachusetts, Amherst.
Inkelas, Sharon (1999) Exceptional stress-attracting suffixes in Turkish Representations vs.

the grammar. In: H. van der Hulst, R. Kager and Wim Zonneveld (eds.) *The Prosody-Morphology Interface*: 134-187. Cambridge: Cambridge University Press.

Inkelas, Sharon and Cemil Orhan Orgun (1998) Level (non) ordering in recursive morphology: Evidence from Turkish. In: S.G. Lapointe, D.K. Brentari and P.M. Farrell (eds.) *Morphology and its relation to phonology and syntax*: 360-410. Stanford: CSLI Publications.

Inkelas, Sharon and Cemil Orhan Orgun (2003) Turkish stress: A review. *Phonology* 20: 139-161.

Ishihara, Shinichiro (2003) *Intonation and interface condition*. Doctoral dissertation, University of Massachusetts, Amherst.

Ito, Junko and Armin Mester (1992) Weak layering and word binarity. Ms.: UC Santa Cruz. Published in Takeru Honma, Masao Okazaki, Toshiyuki Tabata and Shin-ichi Tanaka (eds.) (2003) *A New Century of Phonology and Phonological Theory. A Festschrift for Professor Shosuke Haraguchi on the Occasion of His Sixtieth Birthday*: 26-65. Tokyo: Kaitakusha.

Jackendoff, Ray (1972) *Semantic interpretation in generative grammar*. Cambridge, MA: MIT Press.

Kabak, Barış and Irene Vogel (2001) The phonological word and stress assignment in Turkish. *Phonology* 18: 315-360.

Kabak, Barış and Revithiadou Anthi (2009) An interface account to prosodic word recursion. In: Janet Grijzenhout and Barış Kabak (eds.) *Phonological domains: Universals and deviations*: 105-132. Berlin: Mouton de Gruyter.

Kawaguchi, Yuji, Selim Yılmaz and Arsun Uras Yılmaz (2006) Intonation Patterns of Turkish Interrogatives. In: Yuji Kawaguchi, Ivan Fónagy and Tsunekazu Moriguchi (eds.) *Prosody and syntax: Cross-linguistics perspectives*: 349-368. Amsterdam: John Benjamin.

木部暢子 (1989)「鹿児島二型アクセントにおける助詞・助動詞のアクセント」『奥村三雄教授退官記念 国語学論叢』: 1-16. 東京：桜楓社.

久保智之 (1989)「福岡市方言の、ダレ・ナニ等の疑問詞を含む文のピッチパターン」『国語学』156: 1-12.

久保智之 (1992)「福岡市方言におけるアクセント消去について」『日本語イントネーションの実態と分析』文部省重点領域研究「日本語音声」C3 班平成 3 年度研究成果報告書: 265-276.

久保智之 (2001)「福岡方言における統語論と音韻論の境界領域」『音声研究』5: 27-32.

Kubo, Tomoyuki (2005) Phonology-syntax interfaces in Busan Korean and Fukuoka Japanese. In: Shigeki Kaji (ed.) *Cross-linguistic studies of tonal phenomena: Historical development, tone-syntax interface, and descriptive studies*: 195-210. Tokyo: Research Institute for languages and cultures of Asia and Africa, Tokyo University of Foreign Studies.

Kubozono, Haruo (1993) *The organization of Japanese prosody*. Tokyo: Kurosio Publishers.

Lees, Robert B. (1961) *The phonology of Modern Standard Turkish*. Bloomington: Indiana University Press.

Levi, Susannah V. (2005) Acoustic correlate of lexical accent in Turkish. *Journal of the international phonetic association* 35-1: 73-97.

Lewis, Geoffrey L. (1967) *Turkish grammar*. Oxford: Oxford University Press.

益岡隆志・田窪行則（1992）『基礎日本語文法』東京：くろしお出版社.

McCarthy, John J. and Alan Prince (1993) Generalized alignment. In: G.E. Booij and J. van Marle (eds.) *Yearbook of Morphology* (1993) : 79-153. Dordrecht: Kluwer.

McCawley, James D. (1968) *The phonological component of a grammar of Japanese*. The Hague: Mouton.

Nagahara, Hiroyuki (1994) *Phonological phrasing in Japanese*. Doctoral dissertation, University of California.

Nespor, Marina and Irene Vogel (1986) *Prosodic phonology*. Dordrecht: Foris.

Nishiyama, Kunio (1999) Adjectives and the Copulas in Japanese. *Journal of East Asian Linguistics* 8: 183-222.

Pierrehumbert, Janet B. and Mary E. Beckman (1988) *Japanese tone structure*. Cambridge, MA: MIT Press.

Richards, Norvin (2010) *Uttering trees*. Cambridge, MA: MIT Press.

Rooth, Mats (1992) A theory of focus interpretation. *Natural language semantics* 1-1: 75-116.

Rooth, Mats (1995) Focus. In: Shalom Lappin (ed.) *The handbook of contemporary semantic theory*: 271-298. Oxford: Blackwell.

佐藤久美子（2005）「小林方言の「一型アクセント」はどのように実現するか」『九州大学言語学論集』25・26 合併号：163-187.

佐藤久美子（2008）「トルコ語の yes/no 疑問文におけるピッチ付与規則」寺村政男・久保智之・福盛貴弘編『言語の研究―ユーラシア諸言語からの視座―』: 209-221. 大東文化大学.

佐藤久美子（2009a）「トルコ語における名詞のアクセントの実現について」久保智之・林徹・藤代節編『チュルク諸語における固有と外来に関する総合的調査研究』(Contribution to the Studies of Eurasian Languages (CSEL) Series, vol.15) : 23-29. 九州大学大学院人文科学研究院.

佐藤久美子（2009b）「トルコ語における疑問詞を含む文のピッチパターン―フォーカスの関わる韻律範疇の形成―」『九州大学言語学論集』30: 107-117.

Sato, Kumiko (2009c) The relation between prosody and focus in yes/no question of Turkish. In: Sıla. Ay, Özgür Aydın, İclâl Ergenç, Seda Gökmen, Selçuk İşsever and Dilek Peçenek (eds.) *Essays on Turkish linguistics*: Proceedings of the 14th International Conference on Turkish Linguistics, August 6-8, 2008: 23-29. Wiesbaden: Harrassowitz Verlag.

Selkirk, Elisabeth O. (1984) *Phonology and syntax: The relation between sound and structure*. Cambridge, MA: MIT Press.

Selkirk, Elisabeth O. (1986) On Derived domains in sentence phonology. *Phonology yearbook* 3: 371-405. Cambridge: Cambridge University Press.

Selkirk, Elisabeth O. (1995) The prosodic structure of function words. In: Jill Beckman, Laura Walsh Dickey and Suzanne Urbanczyk (eds.) *Optimality Theory*: 439-470. Amherst, MA: GLSA Publications.

Selkirk, Elisabeth O. (2009) On clause and Intonational Phrase in Japanese: The syntactic grounding of prosodic constituent structure. *Gengo Kenkyu* 136: 35-73.

Selkirk, Elisabeth O. and Koichi Tateishi (1991) Syntax and downstep in Japanese. In: Carol Georgopoulos and Roberta Ishihara (eds.) *Interdisciplinary approaches to language: Essays in honor of S.-Y. Kuroda*: 519-543. Dordrecht: Kluwer.

Sezer, Engin (1983) On non-final stress in Turkish. *Journal of Turkish studies* 5: 61-69.

Smith, Jennifer L. (2005) Comments on "syntax-phonology interfaces in Busan Korean and Fukuoka Japanese" by Tomoyuki Kubo. In: Shigeki Kaji (ed.) *Cross-linguistic studies of tonal phenomena: Historical development, tone-syntax interface, and descriptive studies*: 195-210. Tokyo: Research Institute for languages and cultures of Asia and Africa, Tokyo University of Foreign Studies.

Smith, Jennifer L. (2005) On the WH-question intonational domain in Fukuoka Japanese: Some implications for the syntax-prosody interface. In: Shigeto Kawahara (ed.) *Papers on prosody: UMass occasional papers in linguistics* 30: 219-237. Amherst, MA: GLSA Publications.

Sugahara, Mariko (2003) *Downtrends and post-FOCUS intonation in Tokyo Japanese*. Doctoral dissertation. University of Massachusetts, Amherst.

Swift, Lloyd B. (1962) Some aspects of stress and pitch in Turkish syntactic patterns. *American studies in Altaic linguistics* 13: 331-341.

Swift, Lloyd B. (1963) *A reference grammar of Modern Turkish*. Bloomington: Indiana University Publications.

Truckenbrodt, Hubert (1995) *Phonological phrase: There relation to syntax, focus, and prominence*. Doctoral dissertation. MIT.

Truckenbrodt, Hubert (1999) On the relation between syntactic phrase and phonological phrase. *Linguistic Inquiry* 30-2: 219-255.

上野善道 (1984)「N型アクセントの一般特性について」平山輝男博士古稀記念会編『現代方言学の課題2 記述的研究篇』: 167-209. 東京 : 明治書院 .

上野善道 (1996)「複数のアクセント単位からなる複合語」『月刊言語』25/11: 57-63.

謝　辞

　筆者は平成 14 年から平成 23 年まで九州大学大学院に在籍し，その研究結果を博士論文にまとめ，平成 23 年 4 月に同学府に提出した。本書は，その博士論文の一部に修正を加えたものである。本書を，人文学叢書の一冊として出版することを可能にして下さった九州大学大学院・人文科学研究院に，深く感謝申し上げたい。博士論文を執筆するにあたり，九州大学大学院言語学研究室の先生方が最後まで応援し続けてくださった。私が言語学研究室に在籍した 7 年間，稲田俊明先生，坂本勉先生，上山あゆみ先生，そして，指導教官の久保智之先生からは，言語学の知識や方法だけでなく，学問を続けることの厳しさと楽しさを学んだ。また，国語・国文学研究室の高山倫明先生にも，専攻の違いなど全く感じないほど，親身に温かくご指導いただいた。そして，学部時代の指導教官である早田輝洋先生にも学会や研究会において非常に貴重なご意見と励ましをいただいた。私が博士号を取得し，研究の成果を本として出版することができたのは，ここまで導いてくださった先生方のおかげである。この場をかりて心から感謝の意を表したい。

　本書が対象としたのは，宮崎県の小林市で話されている小林方言とトルコ共和国の西部地域で話されているトルコ語である。これら二つの言語の研究は，コンサルタントの方々の協力なしには進められなかった。小林方言の調査には，岡田トミ子氏と谷屋考法氏に大変お世話になった。岡田トミ子氏は，調査に通う私を毎回自宅に招いて手料理を振る舞ってくださり，二人で夜遅くまで話し込むこともしばしばであった。調査を離れると，まるで孫のようにかわいがってくださった。谷屋考法氏は，突然の調査依頼にも快く応じてくださり，一つひとつの質問に根気強く丁寧に回答してくださった。トルコ語の調査は，岡山大学大学院生の Duygu Karabağ 氏に協力をお願いした。ご自身も勉学に励む忙しい中，私の研究に興味を持ってくださり，毎回の調査を快く引き受けてくださった。トルコ語が堪能でない私は様々なレベルで助

言をいただいた。心よりお礼を申し上げたい。また，ここにお名前を挙げた3名のコンサルタント以外にも，小林市で，トルコで，非常に多くの方々の支援を受けて調査，研究を進めてきたことを述べておく。

　トルコ語の研究については，林徹先生と栗林裕先生から非常に親切なご指導をいただいた。私の研究発表などにも的確なコメントをくださり，トルコ語の研究を行うにあたって考慮しなければならない問題や今後取り組むべき問題を知ることができた。また，共にトルコ語研究に励む吉村大樹氏やAydın Özbek 氏との交流も非常に刺激的であった。同年代のお二人が真摯に研究に取り組む姿に共感し，切磋琢磨することができた。小林方言，日本語の研究については，木部暢子先生，窪薗晴夫先生，五十嵐陽介氏から大きな影響を受けた。研究会や方言調査を通じて，方言の研究には様々な方法，切り口があることに驚かされた。一つひとつのコメントが私の視野を広げてくれた。

　本書の執筆には，研究室の先輩方や後輩たちの協力があったことは言うまでもない。特に，先輩である松浦年男氏は，九州大学を離れてもなお私を心配してくださり，いつも励ましの言葉をかけてくださった。本書で挙げているデータの分析にも多くの助言をいただいた。また，稲田俊一郎氏には，論文の内容に関して様々な角度からの指摘と助言をいただいた。後輩たちも突然の連絡とお願いに最後まで応えてくれた。

　ここに書ききれないほど多くの先生方，先輩，後輩，友人に支えられ，博士号を無事に取得し，2012年度における九州大学大学院人文科学府学府長賞大賞を受賞した。さらに，本書が第2回九州大学人文学叢書における助成交付を得て出版されたこと，及び，それに関して九州大学大学院人文科学研究院からの支援を受けたことも明記しておきたい。加えて，現在の職場である長崎外国語大学では在外研修制度という素晴らしい研究環境を与えていただいたこと，研究の成果を形にするにあたり，九州大学出版会の奥野有希氏には原稿の校正など，様々な段階で親切にサポートしていただいたことを記しておきたい。

　最後になるが，恩師である久保智之先生に，改めて感謝の言葉を申し上げたい。そして，遠く離れた茨城でいつも私を心配し，見守り，支えてくれた父，母，弟にお礼を言いたい。

あとがき

　言語学との出合いは，学部3年生の卒論ゼミだ。中国留学のため1年間大学を休学しており，同級生はすでに4年生になっていた。友人たちからの強い勧めがあり，早田輝洋先生のゼミに入ることに決めた。早田先生のゼミでは，聞いたこともない言語の活用表を手に，活用の規則を見つけることに熱中した。試験に出された問題が時間内に解けず提出を2週間も待っていただいたこと，著名な大学教授が執筆された論文が配られ，これを批判せよ，という課題に戸惑ったことなど，すべてが新鮮で刺激的だった。言語学と出合ったことは，私のその後の生きかたを決定的に方向づけた。

　大学院に進学し，修士課程・博士課程共に久保智之先生の下で音韻論を学んだ。指導を受ける中で痛感したのは，ものの考え方を含め，自分が何も知らないということだった。それを誤魔化し，言語学を遠ざけたこともあった。しかし，それでも諦めずに博士論文に取りかかることができたのは，力強く背中を押してくださった先輩方や，細やかな気遣いをしてくれた後輩たち，忍耐強く叱咤激励を続けてくださった先生方のおかげである。

　早田先生のゼミで言語学に憧れを抱き，言語学研究室，久保先生の下で研究の厳しさと喜びを知った。いつか，言語学に出合った頃のような無邪気さで研究を楽しめるようになりたいと思う。多くの苦しみがあるだろうが，博士論文を書き上げ，それを本という形にしたことは，今後研究を続ける上で大きな支えになると確信している。

2013年2月

佐藤久美子

索　引

あ行
アクセント削除規則　　59, 60, 64
アクセント指定規則　　47, 49, 51, 52, 66
圧縮　　142, 143, 144, 146, 149, 155
一型アクセント　　22-26, 44-47
一致理論 (Alignment Theory)　　13, 14
イントネーション句 (Intonational Phrase)　　11, 13, 14, 30, 121-123
韻律音韻論　　9-11, 13, 15, 17, 19, 114, 121, 122
韻律語 (Prosodic Word)　　11-14, 29-41
韻律構造　　10-15, 137
韻律語形成規則　　28, 31, 34, 35, 37, 39, 40, 57, 59, 60, 62, 64, 65, 75, 151, 152
韻律範疇　　10-17, 20, 29, 30, 46, 61, 64, 66, 115, 121, 122, 124, 127, 128, 136, 143, 144, 148, 151, 154
韻律範疇形成規則　　13, 14, 29, 30
音韻句 (Phonological Phrase)　　11-14, 30, 121
音韻表示　　11, 17-20, 128
音声表示　　18
音節 (Syllable)　　11, 12, 30

か行
基底表示　　18, 19
機能語　　30, 31, 34, 35
疑問のスコープ　　79-107, 109-112, 120, 125, 127, 131, 152, 153
境界トーン　　20
句トーン　　20, 29, 46
厳密階層仮説　　11-15, 128, 136
語彙語　　30-15, 39
小林方言　　3

さ行
最適性理論　　13, 59, 62
自然下降　　18-21
出力表示　　12, 19-21
自律分節音韻論　　18
ストレス・アクセント　　41, 42, 43

た行
体系的音声表示　　18

代替意味論 (alternative semantics)　　70, 72
平らなピッチ　　90, 92-100, 103-105, 107, 108, 111-113, 124, 130, 140, 144, 146, 149, 154, 155
ダウンステップ　　4, 10, 15, 115, 116
東京方言　　1
統語範疇　　13, 14, 19, 30, 35, 39, 60, 75, 121, 152
トルコ語　　3

は行
発話 (Utterance)　　11, 13, 14, 30
ピッチ・アクセント　　41, 42, 43
ピッチのピークの減衰　　4-6, 10, 79, 80, 113, 114, 117-124
フォーカス　　69-73
不規則接辞　　41, 44, 52-59
福岡方言　　2
釜山方言　　124, 125, 140, 154
フット (Foot)　　11, 12, 30
文節　　2, 3, 7, 17, 20, 21, 26, 31, 40, 66, 73, 151
文末イントネーション　　91
補文標識　　7, 119, 120, 125-139

ま行
末端理論　　13-15, 29
諸県方言　　22

欧文
Clitic Group　　12
focus素性 ([+foc])　　6, 125, 127, 128, 140, 154
Hトーン削除規則　　64, 67, 129-140, 146, 148, 152, 153
Hトーン連結規則　　28, 29, 33, 40, 41, 46, 51, 52, 60, 64, 65, 110, 152
Intonational Phrasing 分析　　121-123
Match 理論　　14
Major Phrase　　11, 14, 15, 115-117
Minor Phrase　　12, 61-67, 125-140, 146-148, 153, 154
Minor Phrase 形成規則　　125, 139, 146, 148, 153, 154

Multiple Spell-Out 分析　　116, 117, 119-122
Spell-Out ドメイン　　117, 119-123
tone bearing unit（TBU）　　18, 29, 46, 110, 151
tune　　143, 144
WH素性（[+wh]）　　6, 69, 118, 120, 121, 127, 140, 154
WH-complementizer 分析　　124
XP（最大投射レベル）　　14, 115, 116
X0（投射ゼロレベル）　　14, 30, 73, 152

著者略歴

佐藤久美子（さとう くみこ）

1979 年 1 月	茨城生まれ
2001 年 3 月	大東文化大学外国語学部日本語学科 卒業
2004 年 3 月	九州大学大学院人文科学府言語学専攻修士課程 修了
2011 年 3 月	同博士課程 単位取得退学
同年　 5 月	九州大学大学院 博士号（文学）取得
現　　在	長崎外国語大学国際コミュニケーション学科 講師

九州大学人文学叢書 3
小林方言とトルコ語のプロソディー
――一型アクセント言語の共通点――

2013 年 3 月 31 日　初版発行

著　者　佐　藤　久美子
発行者　五十川　直　行
発行所　（財）九州大学出版会
〒812-0053 福岡市東区箱崎 7-1-146
九州大学構内
電話　092-641-0515（直通）
URL　http://kup.or.jp/
印刷・製本／城島印刷（株）

©Kumiko Sato, 2013　　　　ISBN978-4-7985-0095-9

「九州大学人文学叢書」刊行にあたって

九州大学大学院人文科学研究院は、人文学の研究教育拠点としての役割を踏まえ、一層の研究促進と研究成果の社会還元を図るため、出版助成制度を設け、「九州大学人文学叢書」として研究成果の公刊に努めていく。

第一回刊行

1 王昭君から文成公主へ——中国古代の国際結婚
　　藤野月子（九州大学大学院人文科学研究院・専門研究員）

2 水の女——トポスへの船路——
　　小黒康正（九州大学大学院人文科学研究院・教授）

第二回刊行

3 小林方言とトルコ語のプロソディー——一型アクセント言語の共通点——
　　佐藤久美子（長崎外国語大学外国語学部・講師）

4 背表紙キャサリン・アーンショー——イギリス小説における自己と外部——
　　鵜飼信光（九州大学大学院人文科学研究院・准教授）

以下続刊

九州大学大学院人文科学研究院